Katharina Nickel

Neue Geschäftsmodelle im Online-Journalismus

Krautreporter – Erfolgsfaktoren und ihre Übertragbarkeit auf etablierte deutsche Online-Medien

Diplomica Verlag GmbH

Nickel, Katharina: Neue Geschäftsmodelle im Online-Journalismus. Krautreporter –
Erfolgsfaktoren und ihre Übertragbarkeit auf etablierte deutsche Online-Medien,
Hamburg, Diplomica Verlag GmbH 2016

Buch-ISBN: 978-3-95934-981-9
PDF-eBook-ISBN: 978-3-95934-481-4
Druck/Herstellung: Diplomica® Verlag GmbH, Hamburg, 2016

Bibliografische Information der Deutschen Nationalbibliothek:
Die Deutsche Nationalbibliothek verzeichnet diese Publikation in der Deutschen
Nationalbibliografie; detaillierte bibliografische Daten sind im Internet über
http://dnb.d-nb.de abrufbar.

Das Werk einschließlich aller seiner Teile ist urheberrechtlich geschützt. Jede Verwertung
außerhalb der Grenzen des Urheberrechtsgesetzes ist ohne Zustimmung des Verlages
unzulässig und strafbar. Dies gilt insbesondere für Vervielfältigungen, Übersetzungen,
Mikroverfilmungen und die Einspeicherung und Bearbeitung in elektronischen Systemen.

Die Wiedergabe von Gebrauchsnamen, Handelsnamen, Warenbezeichnungen usw. in
diesem Werk berechtigt auch ohne besondere Kennzeichnung nicht zu der Annahme,
dass solche Namen im Sinne der Warenzeichen- und Markenschutz-Gesetzgebung als frei
zu betrachten wären und daher von jedermann benutzt werden dürften.

Die Informationen in diesem Werk wurden mit Sorgfalt erarbeitet. Dennoch können
Fehler nicht vollständig ausgeschlossen werden und die Diplomica Verlag GmbH, die
Autoren oder Übersetzer übernehmen keine juristische Verantwortung oder irgendeine
Haftung für evtl. verbliebene fehlerhafte Angaben und deren Folgen.

Alle Rechte vorbehalten

© Diplomica Verlag GmbH
Hermannstal 119k, 22119 Hamburg
http://www.diplomica-verlag.de, Hamburg 2016
Printed in Germany

Inhaltsverzeichnis

Abbildungsverzeichnis IV
Tabellenverzeichnis IV
Abkürzungsverzeichnis V

1	**Einleitung** **6**	
1.1	Fragestellung und These 6	
1.2	Methodik 8	
2	**Der mediale Strukturwandel - Krise und Aufbruch im Journalismus** **11**	
2.1	Ein Wandel in der Medienbranche 11	
2.2	Technik 3.0 - Journalistische Formate und Inhalte im digitalen Zeitalter 16	
2.3	Leser 3.0 - Der Paradigmenwechsel im Verhältnis zwischen Leser und Redaktion 20	
2.4	Management 3.0 - Die neue Geisteshaltung im Medienmanagement 27	
3	***Krautreporter* im Kontext des digitalen Wandels** **35**	
3.1	Von Paywalls und Native Advertising - Aktuelle Geschäftsmodelle und Strategien der traditionellen deutschen Medienunternehmen 35	
3.1.1	*Süddeutsche.de* und ihre digitale Strategie 46	
3.1.2	Axel Springer und seine digitale Strategie 50	
3.2	Das Crowdfunding-Prinzip - Zur Notwendigkeit einer neuen Finanzierung von Journalismus 54	
3.3.	Das Projekt *Krautreporter* - Journalismus für alle 58	
3.3.1	Das Vorbild *De Correspondent* 58	
3.3.2	Das Geschäftsmodell - Von der Crowd zur Genossenschaft 60	

4	**Die „Methode *Krautreporter*" - eine Konkurrenzanalyse im digitalen Umfeld**	**66**
4.1	*Krautreporter* - eine SWOT-Analyse	66
4.1.1	*Krautreporter* - Erfolgsfaktoren des Geschäftsmodells und Handlungsempfehlungen - Analyse-Ergebnis des Interviews mit Philipp Schwörbel	75
4.2	Von *Krautreporter* lernen?	80
4.2.1	Die Erfolgsfaktoren und ihre Übertragbarkeit auf *Süddeutsche.de* - Analyse-Ergebnis des Interviews mit Stefan Plöchinger	80
4.2.2	Die Erfolgsfaktoren und ihre Übertragbarkeit auf etablierte deutsche Nachrichten-Websites - Analyse-Ergebnis des Interviews mit Christoph Keese	84
4.3	Zwischenfazit	88
5	**Fazit und Ausblick - *Krautreporter*, ein Geschäftsmodell für die Zukunft des Online-Journalismus?**	**89**
6	**Quellenverzeichnis**	**93**
6.1	Sekundärliteratur	93
6.2	Internetquellen	94
6.3	Weiterführende Links	102
7	**Anhang**	
7.1	Leitfaden zum Interview mit Philipp Schwörbel, Gründer und Geschäftsführer von *Krautreporter*	
7.2	Leitfaden zum Interview mit Stefan Plöchinger, Chefredakteur von *Süddeutsche.de* und Mitglied der Chefredaktion der *Süddeutschen Zeitung*	
7.3	Leitfaden zum Interview mit Christoph Keese, Executive Vice President der Axel Springer SE	

Abbildungverzeichnis

Abbildung 1: Ranking der reichweitenstärksten Zeitungsportale in Deutschland..29
   Quelle: Statista [2013].
Abbildung 2: Anzahl deutscher Zeitungen mit Paid-Content-Modellen.............36
   Quelle: Statista [2015].
Abbildung 3: Crowdfunding-Boom in Deutschland.................................. 56
   Quelle: Statista [2014].

Tabellenverzeichnis

Tabelle 1:   Dominierende Narrative zum Einfluss
            des digitalen Medienwandels auf die Zukunft der Presse.............14
            Quelle: Weichert/Kramp/Welker: Die Zeitungsmacher [2015],
            S. 35.
Tabelle 2:   Formen der Nutzerbeteiligung am Journalismus......................25
            Quelle: Weichert/Kramp/Welker: Die Zeitungsmacher [2015],
            S. 71.
Tabelle 3:   SWOT-Analyse des *Krautreporter*-Geschäftsmodells................69
            Quelle: Eigene Darstellung, nach Pelz [2004], S.62.

Abkürzungsverzeichnis

a.a.O.	am angegebenen Ort
ASV	Axel Springer Verlag
BDZV	Bundesverband Deutscher Zeitungsverleger e.V.
FAZ	Frankfurter Allgemeine Zeitung
IVW	Informationsgemeinschaft zur Feststellung der Verbreitung von Werbeträgern e.V.
NYT	*New York Times*
PI	Page Impression
SV	Süddeutscher Verlag
SZ	*Süddeutsche Zeitung*
USP	Unique Selling Proposition

1 Einleitung

1.1 Fragestellung und These

„Medienmenüs haben ausgedient, gegessen wird à la carte – wenn nötig in drei verschiedenen Häusern hintereinander. Feste Zeiten für die Mahlzeiten gibt es kaum noch. Und es wird schon lange nicht mehr gegessen, was auf den Tisch kommt, sondern vor allem das, was schmeckt, leicht bekömmlich und der jeweiligen Situation angemessen scheint."[1]

Mit dieser Metapher beschrieb Dr. Gernot Gehrke, ehemaliger Geschäftsführer der LfM Nova GmbH[2], im Jahr 2008 die Emanzipation des Nutzers im digitalen Zeitalter. Hatten Verlage und Sendeunternehmen im ersten Entwicklungsstadium des World Wide Web noch das Vorrecht, zu bestimmen, wann sie ihre Leser bzw. Nutzer mit welchen Inhalten versorgen, ist in der Phase hin zum Web 3.0 die Selbstbestimmtheit Letzterer entscheidend. „Hinzu kommt", so Gehrke, „dass die Angebote variabel verfügbar sein müssen – nicht nur kurz nach Redaktionsschluss oder zur jeweiligen Sendezeit, sondern zu jedem Zeitpunkt in unterschiedlichen Formen."[3] Das führte in den vergangenen Jahren dazu, dass viele Medienunternehmen strategisch umdenken mussten, um ihre Inhalte und Produkte dementsprechend nutzerfreundlich, aber ebenso gewinnbringend zu vermarkten.

Dieser Strukturwandel kündigte sich in den 1990er Jahren bereits an, dennoch traf er mit der Jahrtausendwende die Medienbranche nahezu unvorbereitet. Zwei der damals beliebtesten Reaktionen der Unternehmen sind bis heute üblich: Zukäufe und Eigenentwicklungen im Netz. So weiten die großen Konzerne, wie Bertelsmann oder Axel Springer, ihre Aktivitäten zunehmend in teilweise fremde Geschäftsbereiche aus und investieren etwa in Start-Ups aus dem E-Commerce-Bereich. Daneben stärken die etablierten Nachrichten-Websites ihre Kernkompetenz, indem sie *Paid Content*-Modelle schaffen, die Finanzierung und Qualität der hauseigenen Produkte sichern sollen.

---

[1] Simons, Anton: Journalismus 2.0, Praktischer Journalismus, Bd. 84, Konstanz 2011, S. 112.
[2] Eine hundertprozentige Tochtergesellschaft der Landesanstalt für Medien Nordrhein-Westfalen (LfM), die bis 2013 das Medienforum NRW organisierte.
[3] Simons: Journalismus 2.0, a.a.O..

Andersartig verhalten sich die journalistischen Start-Up-Unternehmen. Sie haben frühzeitig mit neuen Methoden zur Generierung von Reichweite und Erlösen und vermehrt auch mit neuen Geschäftsmodellen im Netz experimentiert. *Krautreporter* ist eines dieser Start-Ups, das seit 2014 die öffentliche Aufmerksamkeit auf sich zieht: Per *Crowdfunding* gründete ein Kollektiv von Print- und Online-Journalisten[4] ein Online-Magazin, das, jenseits von Eilmeldungen, Paywalls und Werbung, in Reportagen, Porträts und Erklärstücken, die Geschichten hinter den Nachrichten erzählen soll. „Mit der Zeit, die nötig ist, um eine Geschichte zu erzählen. Und den Hintergründen, um zu verstehen, was auf der Welt passiert."[5]

Der *Krautreporter*-Journalismus basiert vor allem auf der Idee, dass die Mitglieder durch den Erwerb eines Jahresabonnements die Zeitung vollständig finanzieren; auf bezahlte Anzeigen wird deshalb konsequent verzichtet. Nach der erfolgreichen Gründung des Magazins mit einem Gesamtbetrag von über 900.000 Euro, steht das junge Unternehmen nun vor der Herausforderung, seine journalistische Arbeit auch im zweiten Jahr durch Mitglieder vorfinanzieren und damit unabhängig von den Interessen Dritter bleiben zu können.

Die vor dem Hintergrund der Medienkrise relevanten Aspekte des Geschäftsmodells von *Krautreporter* bilden den Schwerpunkt dieser Studie. Insbesondere der *Community*-Gedanke soll umfassend erörtert, Wachstumsstrategien sollen dargestellt und schließlich Erfolgsfaktoren des Modells abstrahiert werden. Die Leitfragen lauten dabei: Wie hat sich der anfängliche Erfolg von *Krautreporter* entwickelt? Ist dieser Erfolg messbar? Handelt es sich um ein disruptives Modell? Und: Haben Geschäftsmodelle wie dieses eine Zukunft bzw. *sind* sie gar die Zukunft?

Ein direkter Vergleich mit den digitalen Strategien von *Süddeutsche.de,* dem Nachrichtenportal der *Süddeutschen Zeitung*, und dem Axel Springer Verlag soll die Frage klären, inwiefern das auf Crowdfunding basierende Geschäftsmodell ein

---

[4] Aus Gründen der besseren Lesbarkeit wird im Folgenden die männliche Geschlechterbezeichnung verwendet, alle Redakteurinnen, Journalisten, Managerinnen etc. sind jedoch ausdrücklich miteinbezogen.

[5] Krautreporter (Hrsg.): Über uns, 2014, in: https://krautreporter.de/pages/ueber_uns (Zugriff am 05.08.2015).

Vorbild für die (Online-)Medienbranche sein kann. Lassen sich messbare Erfolgsfaktoren von *Krautreporter* auf klassische Nachrichten-Websites übertragen? Die beiden deutschen Verlage wurden gewählt, weil sie mit ihren Medien unterschiedliche *Paid Content*-Modelle verfolgen, die den digitalen Wandel anschaulich repräsentieren.

Eine wesentliche Annahme wird die folgenden Analysen begleiten: Zeitgemäßer und zukunftsorientierter Journalismus beinhaltet ein von Redaktion und Lesern geschaffenes Gemeinschaftserlebnis, das über Kommentare und Diskussionsforen hinausgeht. Die Voraussetzungen für diesen Journalismus sind von den Gründungsgesellschaftern von *Krautreporter* bereits im Gedanken der Community angelegt worden. In den Verlagshäusern ist demnach ein Umdenken nötig, dahingehend, dass Journalisten zunehmend unternehmerischer denken müssen und dabei ihre Kernkompetenz, die professionelle Berichterstattung, gleichzeitig stärken. Diese Annahme führt zu der Kernthese, die es mit dieser Studie zu prüfen gilt:

Das Geschäftsmodell von *Krautreporter* kann an seinen anfänglichen Erfolg anknüpfen und, zumindest in Teilen, auf etablierte Nachrichten-Websites in Deutschland übertragen werden.

1.2 Methodik

Auf der Basis einer umfassenden Literaturrecherche wird zur Prüfung der Ausgangsthese zunächst der aktuelle Forschungsstand auf dem Gebiet des digitalen Journalismus wiedergegeben. Das Ziel dieser Darstellung ist es, ein gegenwärtiges Bild zur Zukunft der Branche aufzuzeigen, das aktuelle Trends und Entwicklungen sowie Problematiken und Risiken umfasst, mit besonderem Fokus auf zwei der großen Verlagshäuser Deutschlands.

Vor allem die beiden deutschen Medienforscher Stephan Weichert und Leif Kramp haben in den vergangenen Jahren den wissenschaftlichen Diskurs um den Entwicklungsprozess des Journalismus im digitalen Zeitalter geprägt. Ihre Thesen korrelieren mit der Haltung des Journalisten und Autors Anton Simons, der im Medium Internet die Voraussetzungen für einen „besseren Journalismus"[6] sieht. Innerhalb dieses Diskurses sind „Aufbruch in die digitale Moderne", „Journalismus 2.0" sowie „Partizipativer Journalismus" und „Crowdfunding" nur einige der Schlagworte, die es zu betrachten gilt. Ferner ist auch der Blick auf die branchen-*interne* Zukunftsdebatte für die Analyse unabdingbar, weshalb Internetquellen in Form von Zeitungsartikeln, Essays, Kommentaren und Interviews in die Recherche miteinbezogen worden sind.

Letztlich sind es thematisch vier Dimensionen der Digitalisierung im Journalismus, die im Verlauf der Studie am Beispiel von *Krautreporter* untersucht werden sollen:

- der Wandel in der Medienbranche allgemein,
- die Entwicklung neuer Formate und Inhalte durch technische Innovationen,
- das sich wandelnde Verhältnis der Redaktionen zu ihren Lesern sowie
- die Entwicklung neuer Geschäftsmodelle und alternativer Finanzierungsstrategien.

Vor diesem theoretischen Hintergrund soll die Wettbewerbssituation von *Krautreporter* mithilfe einer SWOT-Analyse erörtert werden. Dieses Tool aus dem Bereich des strategischen Marketing untersucht das Geschäftsmodell des Unternehmens hinsichtlich seinen Stärken und Schwächen sowie Chancen und Risiken, um schließlich Handlungsempfehlungen daraus ableiten zu können.

Den qualitativen Teil der Studie bilden drei eigens geführte Interviews mit Vertretern der Medienbranche, die die erwähnten, zunächst theoretisch behandelten Dimensionen in einen praktischen Bezug setzen werden. So gewährt Philipp Schwörbel, einer der Gründer und geschäftsführender Gesellschafter von *Krautreporter*, einen Einblick in die Aktivitäten, Strategien und zukünftigen Pläne seines Unternehmens, während Stefan Plöchinger, als Chefredakteur von *Süddeut-*

---

[6] Simons: Journalismus 2.0, S. 153.

sche.de und Mitglied der Chefredaktion der *Süddeutschen Zeitung*, die Position der etablierten Nachrichten-Websites vertritt. Im Interview spricht er über die Medienkrise im Allgemeinen, die digitalen Transformationsprozesse im Süddeutschen Verlag, und gibt eine Einschätzung zur Vorbildfunktion des *Krautreporter*-Geschäftsmodells ab. Christoph Keese, aktuell Executive Vice President der Axel Springer SE, ergänzt den qualitativen Teil mit seiner Expertenmeinung zur Zukunft des Online-Journalismus. Zusätzlich beleuchtet er als Vertreter eines Verlages, der mit Titeln wie der *Welt* und der *Bild* für seine fortschrittlichen Investitionen im digitalen Bereich bekannt ist, die Branche von einem strategisch andersartigen Blickwinkel aus.

Abschließend sollen die Ergebnisse der SWOT-Analyse und damit die Erfolgsfaktoren des Geschäftsmodells von *Krautreporter* mit der Auswertung der Interviews in Verbindung gebracht werden. Ziel dieser zentralen Betrachtung ist die Beantwortung der Frage, ob die „Methode *Krautreporter*", als Beispiel für ein innovatives journalistisches Start-Up, auf traditionelle Online-Medien in Deutschland übertragen werden kann. In letzter Konsequenz dient diese Studie dazu, auf der Grundlage der Ergebnisse Handlungsempfehlungen für eine zukünftige digitale Erfolgsstrategie von *Süddeutsche.de* und ähnlichen Zeitungen im Netz zu liefern sowie einen Ausblick zu zukünftigen Tendenzen in der Branche zu geben.

2   Der Strukturwandel – Krise und Aufbruch im Journalismus
2.1   Ein Wandel in der Medienbranche

Wer den Strukturwandel in der Medienbranche zu erklären versucht, kommt zwangsläufig an einen Punkt, an dem nur ein Vergleich helfen kann, die damit verbundenen, komplexen Zusammenhänge zu verdeutlichen. Der Musikmarkt ist dafür gut geeignet, schließlich war er einer der ersten, dem durch das Internet und die Digitalisierung ein Strukturwandel gewissermaßen aufgezwungen wurde. Dieser begann mit der Einführung von tragbaren Musikkassetten in den 1970er Jahren und manifestierte sich mit den CD-Brennern in den 90er Jahren, wie Oliver Lubik 2008 in seiner Diplomarbeit an der Hochschule für Medien anschaulich feststellte. Das Hauptproblem waren also zwei Dinge: das veränderte Nutzungsverhalten im Musikbereich und die rasante Veränderung des Trägermediums von Vinyl über Kassette und CD zu heute populären Flatrates wie *Spotify*. Durch enorme Umsatzverluste verdrängten die großen Labels zunehmend die kleineren. EMI Music ist heute das letzte reine Musiklabel, die anderen drei großen Player sind Medien- und Industriekonzernen angeschlossen. Lubik folgert jedoch:

> „Wenn mit dem Aufkommen von CD-Brennern vom Anfang einer Krise gesprochen wird, so ist dies falsch, vielmehr ist es der Anfang eines Umdenkens seitens des Konsumenten. Musik bekommt eine neue Wertigkeit und wird vom Format, dem Trägermaterial losgelöst."[7]

So ist es auch mit dem Journalismus, der seit dem Beginn der 1990er Jahren durch digitale Entwicklungen mit Auflagenverlusten im Printbereich zu kämpfen hat, die zu Einbußen bei den Werbe- und Umsatzerlösen führten. Drei Daten sollen hierfür exemplarisch sein[8]:

Seit dieser Zeit sank die Gesamtauflage der Zeitungen in Deutschland jährlich um zwei bis drei Prozent. Außerdem wurde das Jahr 2009 vom Bundesverband Deutscher Zeitungsverleger (BDZV) zum schwierigsten Jahr in der Geschichte der Zeitungen erklärt. Schließlich zogen diese Entwicklungen 2012 die größte Entlas-

---

[7] Lubik, Oliver: Das Ende der Musikindustrie – oder die digitale Revolution, 2008, in: https://www.hdm-stuttgart.de/~curdt/Lubik.pdf (Zugriff am 12.08.2015), S. 13.
[8] Daten in: Weichert, Stephan/Kramp, Leif/Welker, Martin: Die Zeitungsmacher. Aufbruch in die digitale Moderne, Wiesbaden 2015, S. 31.

sungswelle im Pressesektor seit Gründung der Bundesrepublik nach sich. Mit der Mutation zu Online, weg vom Trägermedium Print und vom gewohnten Nutzungsverhalten der Leser, reagierten die Verlagshäuser zunächst wie die Musikindustrie zuvor: mit Panik, aber abwartend. Alte Geschäftsmodelle zerfielen, neue gediehen und noch immer ist die Digitalisierung ein Experiment für die Branche. „[D]ie Zeitung hat manches Bestehende in Trümmern gelegt, aber vielleicht ist sie auch im Stande aus dem Schutte wieder ein Neues Gebäude aufzuführen."[9]
Global Player wie in der Musikbranche gibt es auch auf dem Pressemarkt. Neben den großen Medienkonzernen wie Axel Springer, der Bertelsmann Group oder ProSiebenSat.1 Media ist es aber seit jeher ein Charakteristikum der vor allem deutschen Medienlandschaft gewesen, ihre Vielfältigkeit bewahrt zu haben. Ein Indiz dafür ist auch die Tatsache, dass journalistische Start-Ups wie das durch Crowdfunding gestützte Kollektiv der *Krautreporter* oder das stiftungsfinanzierte Recherchebüro *Correct!V* dritte Wege der Finanzierung gewählt haben, die wegweisend für die Zukunft sein könnten. Dadurch entsteht der Eindruck, dass die Medienbranche, im Gegensatz zur Musikindustrie, ihre kontroverse Krise erfolgreicher und nachhaltiger wird meistern können. In Kapitel 4 dieser Studie soll darauf näher eingegangen werden. Schließlich wurde der Journalismus, das ist weiterhin zu beobachten,

> „nicht das erste Mal vom technologischen und gesellschaftlichen Wandel herausgefordert: Als die Massenpresse die Redaktionsorganisation und Distribution, die Telegrafie und das Telefon die Nachrichtenübermittlung revolutionierten und Mitte des 20. Jahrhunderts gleich zwei elektronische Leitmedien die massenmediale Bühne erweiterten, standen Journalisten zunächst ratlos vor den sich ihnen bietenden Möglichkeiten – nicht wenige sahen auch darin eine Bedrohung [...]; andere begrüßten die neuen technologischen Möglichkeiten als euphorisch [...]."[10]

Arbeitsabläufe und Formate wurden auch mit der Entwicklung von Radio und Fernsehen neu überdacht und transferiert, genau wie mit neuen Formen des Storytelling im Internet-Zeitalter.

---

[9] Zitat nach Théodore César Muret, in: Weichert/Kramp/Welker: Die Zeitungsmacher, S. 1.
[10] Weichert/Kramp/Welker: Die Zeitungsmacher, S. 36.

Bis vor einigen Jahren haben besonders Endzeit-Szenarien den Diskurs geprägt, die den Tod des Journalismus – und damit ist der klassische Zeitungs- und Zeitschriftenjournalismus im Printbereich gemeint – voraussagen wollten. Aktuell verbreitet sich ein ausdifferenzierteres Bild dieser Zukunft. So sehen sich Journalisten und Verleger immer häufiger

> „mit zwei widerstreitenden Narrativen konfrontiert, die den selbstreflexiven Diskurs in den unterschiedlichen Akteursgruppen dominieren: ein Krisennarrativ, das sich ob der wirtschaftlichen Schwierigkeiten in der Zeitungsbranche manifestiert hat und ein Narrativ des Aufbruchs, das insbesondere von Verfechtern des digitalen Fortschritts geprägt wird."[11]

Maßgeblich mitgestaltet wurde der Begriff des Krisennarrativs vor allem durch Bob Franklin, Professor an der Cardiff University, der sich unter anderem mit der Zukunft des Journalismus beschäftigt. In seinem Aufsatz „The Future of Journalism"[12] macht er darauf aufmerksam, dass der jüngste Strukturwandel im Journalismus zunächst vorrangig, und vor dem Hintergrund von Entlassungswellen und Auflagenschwunden auch berechtigt als Krise verstanden wird. Diese negative Prognose betont vor allem die Schwächen und Risiken des Status Quo in den Medien. Parallel plädiert Franklin jedoch für eine nuanciertere Sichtweise der Situation, indem er annimmt, dass die Branche überreagiert und sich dadurch selbst behindert habe: „Journalistic hyperbole may also have exaggerated fears about the future of journalism."[13]

Die zum Teil selbstverschuldete Krise könne überwunden werden durch eine neue Art des Storytelling, laut Franklin sogar einen *New Journalism*[14]. Mit diesem Aufbruchsnarrativ werden die Potenziale des Journalismus als optimistisch eingestuft, indem seine Chancen und Stärken der Medienbranche betont werden. Neue Formate, Inhalte, Sichtweisen sowie innovative Formen von *Newsrooms*, der Le-

---

[11] Weichert/Kramp/Welker: Die Zeitungsmacher, S. 29.
[12] Franklin, Bob: The Future of Journalism, in: Journalism Studies 13 (2012), Nr. 5-6, S. 663-681.
[13] Franklin: The Future of Journalism, S. 665. Franklin verweist auch auf eine Studie von drei US-amerikanischen Professoren zur Rolle der *New York Times*, des *Wall Street Journal* und der *USA Today* in der Medienkrise. Ein Auszug steht hier zur Verfügung: http://conservancy.umn.edu/bitstream/handle/11299/123352/Newspaper%20Crisis%20-%20preprint%202012.pdf?sequence=1 (Zugriff am 13.08.2015).
[14] Franklin: The Future of Journalism, S. 667.

ser-Blatt-Bindung und der Finanzierung gehören zum Tenor der Vertreter dieses Narrativs.

Sicherlich neigen beide Narrrative zu einer vereinfachten Darstellung des Wandels in der Medienbranche, argumentativ sind sie jedoch für den weiteren Verlauf der Studie und vor allem die Interviewanalysen wichtig und sinnvoll.

	Krisennarrativ	**Aufbruchsnarrativ**
Basisform	Regressiv	Progressiv
Antriebe	Bedrohung, Schwächung	Alternativen, Emergenzen
Fokus	Wirtschaftliche Probleme und Risiken	Vorteile und Chancen durch Online-Kommunikation
Medialität	Analog	Digital
Referenzmedium	Presse (TV, Radio)	Internet, Social Media
Finanzierungsfrage	Journalisten bei klassischen Mediengattungen	Alternative, v.a. zivilgesellschaftliche Modelle inkl. Gemeinnützigkeit, z.B. Stiftungsmodelle, Crowdfunding
Tonalität	Alarmistisch	Euphorisch
Ausblick	Pessimistisch	Optimistisch
Ziel	Absicherung bestehender Strukturen	Innovation

Tabelle 1: Dominierende Narrative zum Einfluss des digitalen Medienwandels auf die Zukunft der Presse nach Weichert/Kramp/Welker 2015

Offensichtlich bezieht sich Franklin in seinen Ausführungen primär auf den US-amerikanischen Zeitungsmarkt. Deutschland, als größter Medienmarkt Europas, stuft er, auf der Grundlage anderer Expertenmeinungen, als abweichenden Fall ein, „where the economic foundations of the media market are still largely intact"[15].

Doch auch in Deutschland ist der öffentliche Diskurs von beiden Narrativen bestimmt. Häufig überwiegt dabei die Annahme, „die Krise der Printmedien sei

---

[15] Franklin: The Future of Journalism, S. 665.

gleichbedeutend mit einer Krise des Journalismus"[16]. Außerdem bedeutet Aufbruch in Deutschland vor allem noch Glauben an die traditionellen Zeitungen: „Prestige-Zeitungen [...] dienen in der Debatte um die Zukunft des Journalismus gemeinhin als Fixpunkte in der Argumentation für die Durchsetzungsfähigkeit von Qualitätsjournalismus."[17] Die Ursache liegt aber auch in den Konfliktfällen, die den Diskurs beherrschen: Die Einstellung der *Financial Times Deutschland*, der Personalabbau bei der *Frankfurter Rundschau*, der Verkauf von Springer-Regionalzeitungsgruppen wie dem *Hamburger Abendblatt* und der *Berliner Morgenpost* an die Funke Medien Gruppe – der Wandel trifft Branchenbereiche in ganz Deutschland. Dazu kommen die immer gleichen Fragen und Behauptungen: „Wozu Zeitung?" (*SZ Magazin*, 2009), „Unabhängigkeit oder Gesinnungsjournalismus?" (*Die Zeit*, 2014) oder „Das Ende des Medienmonopols" (*Der Spiegel*, 2015).

Eine Aufbruchsstimmung ist dennoch erkennbar, teilweise auch innerhalb eines Mediums, wie *Die Zeit* mit ihrem Titel „Wer bleibt, gewinnt" vom August 2014 bewies. Philip Meyer, der 2010 mit seinem Bestseller „Die verschwindende Zeitung" den Untergang von Printprodukten für das Jahr 2040 voraussagte, sieht im Online-Journalismus eine „phantastische Chance" (*Süddeutsche.de*, 2010). Und das Online-Branchenmagazin *Vocer* beantwortete sich 2012 eine Titelfrage gleich selbst: „Die Zukunft des Journalismus? Journalismus!".

In den folgenden Kapiteln sollen drei spezielle Dimensionen des Wandels in der Medienbranche abgebildet werden, die im zukünftigen *New Journalism* von Bedeutung sein werden: Die Herausforderungen aufgrund neuer digitaler Formate und Erzählformen, der Paradigmenwechsel im Verhältnis zum Leser bzw. User und die Versuche um alternative Finanzierungsstrategien und Geschäftsmodelle im Allgemeinen.

---

[16] Weichert/Kramp/Welker: Die Zeitungsmacher, S. 31.
[17] Weichert/Kramp/Welker: Die Zeitungsmacher, a.a.O..

2.2 Technik 3.0 – Journalistische Formate und Inhalte im digitalen Zeitalter

Wenn zuvor die Rede davon war, dass die Digitalisierung sich in der Entwicklungsphase hin zum Web 3.0 befindet, so gilt dies unvermeidlich auch für den technologischen Bereich. An dieser Stelle allerdings von den Anfängen des Internets berichten zu wollen, wäre ein Unterfangen, das dem Umfang und dem Thema dieser Studie nicht gerecht werden kann.

Durch die technologische Möglichkeit eines internationalen Netzwerks, des *World Wide Web*, ist längst zur Realität geworden, was Zukunftsforscher bereits angekündigt hatten: Die Technologie ist zum Alltag der Menschen geworden. Sie schreiben in der U-Bahn ihre E-Mails, spielen an einem langweiligen Nachmittag im Büro Online-Games, skypen in der Mittagspause mit einem Freund in Bangkok und werden an 365 Tagen im Jahr mit Nachrichten versorgt, sei es mit dem neuesten Katzenvideo von *Buzzfeed*, einer aktuellen Eilmeldung von *Spiegel Online* oder einer Seite-Drei-Reportage auf *Süddeusche.de*.

> „Weil sämtliche Angebote im Netz dicht beieinander sind, nimmt die Volatilität der Mediennutzer zu, also deren Bereitschaft, von einem zum anderen Anbieter medialer Inhalte zu wechseln. Und die Zahl derer sinkt beständig, die einen Abend lang ausschließlich fernsehen oder Zeitung lesen."[18]

Für die Medien scheint die Frage nach den richtigen Begrifflichkeiten essentiellerer Natur zu sein. So wurde viel über *Medienkonvergenz* und *Social Media* berichtet. Das Problem aber ist, dass aufgrund ihrer unklaren Trennschärfe die eigentliche Bedeutung verloren zu gehen scheint. Ein Definitionsversuch ist deshalb zur weiteren Analyse hilfreich.

Die technischen Entwicklungen der vergangenen 20 Jahre hängen eng mit dem Gedanken der Multimedialität zusammen, der wiederum ein Resultat der Medienkonvergenz ist, also dem „Trend, dass Informations- und Kommunikationskanäle, die bisher strikt voneinander getrennt waren, im Internet zusammenwachsen. Die Grenzen zwischen Print, Online und Mobile emanzipieren sich gegenüber ihren

---

[18] Simons: Journalismus 2.0, S. 109.

Trägern."[19] Gerade das Smartphone wird in zunehmendem Maß zu einem Trägermedium, das alle bespielten Kanäle der Medienhäuser in sich vereint. Die Art und Weise, wie jemand den Content konsumiert hängt deshalb immer weniger von Ort und Zeit ab, sondern von den individuellen Nutzungsbedürfnissen und -präferenzen. Es scheint für Journalisten problemlos zu funktionieren, das Internet als Dialogmedium zu begreifen und nicht nur als bloße technische Neuerung.

> „Aber weil sich Journalisten jahrzehntelang entweder mit Wort oder mit Ton oder Bild beschäftigten, neigen sie dazu, die Probleme und Paradoxien des Journalismus nicht im Großen und Ganzen zu betrachten, sondern sie aus ihren unterschiedlichen Perspektiven – Presse, Radio oder Fernsehen – heraus zu konterkarieren."[20]

Es handelt sich um einen unzureichenden strategischen Schachzug der Medienmanager, den Printinhalt ihrer Produkte einfach auch online zu veröffentlichen, ohne sich der nötigen inhaltlichen und formalen Transformationsprozesse gewahr zu sein. Aus dieser Fehlinterpretation heraus entstehen zwei Nachteile für die Journalisten und Verleger: Sie können erstens die Schnelllebigkeit des Mediums Internet nicht ausreichend erfassen, um auf aktuelle Trends dementsprechend schnell reagieren zu können; und zweitens unterschätzen sie die Konkurrenz, die auch außerhalb des eigenen Umfelds, in Form von *Bloggern* und anderen Online-Publizisten besteht.

Dennoch öffnen sich die Verlage zögerlich für neue Herausforderungen. Aufgrund der Flut an technischen Innovationen sah sich der Journalismus gezwungen, sich gar völlig neu zu erfinden.

> „Die Anwendungen des Neuen Netzes erlauben erstmals in der Mediengeschichte das massenhafte gemeinschaftliche Sammeln medialer Inhalte. Außerdem lassen sie eine Praxis partizipatorischer Mediennutzung zu, die nicht selten überraschend effizient und dabei häufig wesentlich demokratischer ist als das, was wir von früheren Medien gewohnt sind."[21]

---

[19] Simons: Journalismus 2.0, S. 107.
[20] Weichert, Stephan/Kramp, Leif/von Streit, Alexander: Digitale Mediapolis. Die neue Öffentlichkeit im Internet, Köln 2010, S. 26.
[21] Simons: Journalismus 2.0, S. 99.

Hier offenbart sich der Unterschied zwischen dem – bald überholten Web 2.0 – und Social Media: Ersteres ist weder rein technologisch noch rein kommunikativ zu verstehen. Im Vergleich zum ersten Entwicklungsstadium des Internets, ist diese „zweite Version" vielschichtiger und beinhaltet neben technischen und kommunikativen Eigenschaften und Tools auch wirtschaftliche und rechtliche Aspekte.[22] Social Media dagegen definiert sich ausschließlich über den Austausch zwischen Menschen über soziale Netzwerke und Communities. Gablers Wirtschaftslexikon macht den Unterschied noch deutlicher: Das Web 2.0 „stellt eine Evolutionsstufe hinsichtlich des Angebotes und der Nutzung des World Wide Web dar, bei der nicht mehr die reine Verbreitung von Informationen bzw. der Produktverkauf durch Websitebetreiber, sondern die Beteiligung der Nutzer am Web und die Generierung weiteren Zusatznutzens im Vordergrund stehen."[23] Social Media wiederum oder Soziale Medien „dienen der – häufig profilbasierten – Vernetzung von Benutzern und deren Kommunikation und Kooperation über das Internet. [...] Das Web 2.0, das Mitmachweb, ist wesentlich durch soziale Medien geprägt."[24] Der wesentliche Unterschied liegt folglich in der hierarchischen Ordnung beider Begriffe, das Web 2.0 ist ein Hyperonym, von dem Social Media nur einen Teil umfasst.

Wenn nun Experten allerdings behaupten, die Konvergenz der Medien habe dazu geführt, „dass die klassischen Medien, die jahrzehntelang friedlich koexistierten, heute miteinander konkurrieren"[25], ist das nur zum Teil richtig. Ein friedliches Miteinander ist schließlich nicht das Prinzip einer freien Marktwirtschaft, in der mehrere Anbieter um die Gunst ihres Publikums buhlen müssen. Diese Form des Wettbewerbs ist keinesfalls ein neues Phänomen, sondern eine Tradition, die die Digitalisierung nicht beanspruchen kann hervorgebracht zu haben.

---

[22] Social Media, Medienkonvergenz und starke Marken – Medienbranche im Umbruch, hrsg. von Uwe C. Swoboda, Bd. 3, Ostfildern 2010 (Buchreihe MEDIEN), S. 58.
[23] Springer Gabler Verlag (Hrsg.): Gabler Wirtschaftslexikon, Stichwort: Web 2.0, online im Internet: http://wirtschaftslexikon.gabler.de/Archiv/80667/web-2-0-v9.html (Zugriff am 13.08.2015).
[24] Springer Gabler Verlag (Hrsg.): Gabler Wirtschaftslexikon, Stichwort: Soziale Medien, online im Internet: http://wirtschaftslexikon.gabler.de/Archiv/569839/soziale-medien-v4.html (Zugriff am 13.08.2015).
[25] Simons: Journalismus 2.0, S. 109.

Es trifft jedoch zu, dass sich durch den Strukturwandel in der Medienbranche die Grenzen zwischen dem öffentlich-rechtlichen und privaten Sektor dahingehend verschoben haben, dass die audiovisuelle Kommunikation nun auch im Printbereich Einzug gehalten hat und damit die Konkurrenzsituation verschärft wurde. Immer mehr Nachrichten-Websites setzen auf eigenproduzierte audiovisuelle Inhalte, seien es Fotostrecken, Videos oder Podcasts, optional als Livestreams oder On-Demand-Inhalte. Redaktionen wie *Süddeutsche.de* haben längst eigene Videoressorts und die *AutoBild* entließ kürzlich etliche Fotografen[26], weshalb die Redakteure fortan ihre Geschichten selbst bebildern müssen. Der Konkurrenzkampf hat sich aufgrund personeller und finanzieller Ressourcenknappheit und des gestiegenen Zeit- und Produktionsdrucks intensiviert. Er ist zu einem Kampf um Aktualität, Aufmerksamkeit, Glaubwürdigkeit und Transparenz geworden.

Der Begriff Multimedialität wird im Zuge dessen vielfach durch den Ausdruck *Crossmedia* ersetzt, dessen Facetten zu beleuchten eine Dissertation füllen könnte. So beschreibt er allgemein die Übermittlung von Inhalten und Produkten durch ein Zusammenspiel verschiedener Kommunikationskanäle. „Konvergenz bedeutet, dass sich Dinge annähern, dass Grenzen verschwimmen. Nichts anderes passiert bei der crossmedialen Produktion von Medien."[27] Konvergenz bezeichnet allerdings das Phänomen, Crossmedia ist die Ausprägung dessen innerhalb journalistisch-handwerklicher Tools. Das beweisen auch die Journalistenschulen: Wo früher Volontäre fast ausschließlich als Radio-, Zeitungs- oder Fernsehjournalist ausgebildet wurden, gehört heute eine crossmediale Ausbildung bereits zum Standard. In Zukunft wird es sicher vonnöten sein, dass Journalisten ihre Geschichte von Anfang bis Ende selbst produzieren, wie schon bei *AutoBild* der Fall. Es wird technisch möglich sein, einen Videobeitrag auf dem Handy innerhalb kürzester Zeit zu drehen, zu betexten und zu schneiden. Die Anforderungen haben sich mit den technologischen Innovationen zweifelsohne erhöht; letztlich ist aber der Um-

---

[26] Ürük, Bülend: Axel Springer baut um: „AutoBild"-Fotoexperten müssen gehen, 10.08.2015, in: https://kress.de/tagesdienst/detail/beitrag/132295-axel-springer-baut-um-auto-bild-fotoexperten-muessen-gehen.html (Zugriff am 14.08.2015).
[27] Jakubetz, Christian: Crossmedia, Praktischer Journalismus, Bd. 80, 2. Aufl., Konstanz 2011, S. 22.

stand, „die Entscheidung, ob Interview oder Reportage noch mit der Antwort auf die Frage 'Text, Video oder Audio?' zu verbinden, [...] nicht so aberwitzig schwierig, als dass man einen normal begabten Journalisten damit überfordern würde."[28] Crossmedia ist als Arbeitsweise für den (Online-)Journalismus unverzichtbar geworden. Es bedeutet nicht, bereits existierenden Content schlicht zu reproduzieren, sondern ihn für verschiedene Kanäle angemessen und für den Leser ansprechend aufbereiten und gegebenenfalls durch Eigenproduktionen zu ergänzen und zu erweitern. Wie sich diese Definition in den nächsten Jahren entwickeln wird, bleibt abzuwarten. Zum jetzigen Zeitpunkt sind die Begriffe Crossmedia und Online-Journalismus keinesfalls austauschbar. Hinter Letzterem steckt eine Haltung mit gewissen ethischen Richtlinien, die festlegen, wie mit der verschärften Konkurrenzsituation umgegangen werden soll, denn,

> „[...] ob nun unter Aktualitätsdruck oder nicht, Online-Journalismus ist mehr als einfach nur das Übertragen bisheriger journalistischer Darstellungsformen auf eine andere technische Plattform. [...] [Daher] gehört es im Online-Journalismus zum guten Ton, dass man auch externe Links setzt, auch wenn das Risiko natürlich unbestreitbar bleibt, dass der User danach weg ist."[29]

2.3 Leser 3.0 – Ein Paradigmenwechsel im Verhältnis zwischen Leser und Redaktion

Die hohe Vielfalt von Nachrichtenangeboten im Internet und die gestiegene Volatilität der Nutzer führen, wie bereits erwähnt, zu einem veränderten Selbstverständnis des journalistischen Berufsbildes. Journalisten sehen sich mehr und mehr gezwungen, den Bedürfnissen der Leser bzw. Nutzer zu entsprechen, die Dialog- und Transparenzbereitschaft einfordern. Die neue Währung, auch wenn einige Verlage dies dementieren, heißt Reichweite, denn Reichweite schafft Erlöse.

> „Wir müssen (ob es uns passt oder nicht), nüchtern betrachtet, nur eines: Reichweite erzielen. Wir müssen unseren Nutzer dort abholen, wo er sich befindet, wir müssen ihm das geben, was er will, wann er will, wo er will. [...] So ist das nun

---
[28] Jakubetz: Crossmedia, S. 17.
[29] Jakubetz: Crossmedia, S. 112.

mal – erneut ganz nüchtern betrachtet –, wenn sich die Verhältnisse auf einem Markt ändern."[30]

Es ist in den Verlagshäusern und Sendeunternehmen mittlerweile unumstritten, dass Journalismus immer mehr im Dienste des Publikums stehen muss. Das stellt wieder einmal kein Novum in der Branche dar: Die Aufgabe des Journalismus bestand seit seinen Anfängen darin, gesellschaftlich relevante Themen und Trends zu erkennen, aufzugreifen und im besten Fall einen öffentlichen Dialog anzustoßen. Neu ist die Tatsache, dass sich dieser Dialog nun zunächst online abspielt und Themen von der Redaktion zwar nach wie vor gesetzt werden können, aber häufig genug auch vom Publikum selbst eingefordert werden. Bereits im Jahr 2007 habe die Mehrheit der 14- bis 19-Jährigen angegeben, dass das Internet für sie die wichtigste Informationsquelle sei.[31] „Die gute alte Tageszeitung wird nicht mal mehr von jedem Zweiten der künftigen Mediennutzer (also der heute 14- bis 19-Jährigen) regelmäßig gelesen. Das Internet bringt es inzwischen in dieser Altersgruppe auf eine Marktdurchdringung von fast hundert Prozent."[32]

Die Verlage reagierten zunächst darauf, indem sie ihre Nutzer in Kategorien einteilten, um Wege der Ansprache strategisch planen zu können. Die Journalisten Chris O'Brien und Juan Senor etwa, beide Experten auf dem Gebiet der Konvergenz von Arbeitsabläufen im Rundfunk- und Zeitungswesen, unterscheiden vier Kategorien:

    1. passive Nutzer, die Informationen und Inhalte einfach nur aufnehmen,
    2. Kommentatoren, die auf Informationen und Inhalte vor allem mit Kommentaren und Kritiken reagieren,
    3. Netzwerker, die sich mit anderen Nutzern ihrer Art zusammenschließen und über Content austauschen, und
    4. Kreative, die durch das Erstellen von Blogs, Videos, Posts oder anderweitig selbst zu Produzenten werden.[33]

---

[30] Jakubetz: Crossmedia, S. 13.
[31] Vgl. Jakubetz: Crossmedia, S. 14.
[32] Jakubetz: Crossmedia, S. 15.
[33] O'Brien, Chris/ Senor, Juan: Der Community-Newsroom, in: Zeitungsinnovationen 2009. Weltreport. Jahresbericht der Innovation International Media Consulting Group für den Welt-

Mit diesen Kategorien müssen nicht nur die Marketing-Experten, je nach Zielgruppe der Unternehmen, arbeiten, sondern zunehmend auch die Journalisten selbst. Es drängt sich die Vermutung auf, dass Online-Journalismus heute über die Nutzerbeteiligung 2.0, also reine Kommentare und Diskussionsforen, hinausgehen muss, um sich von der Konkurrenz abzusetzen. Multimediale Features sind ein für den Nutzer sichtbarer Aspekt dieses Wandels. Unsichtbar bleiben häufig noch die Umstrukturierungen in den Unternehmen. Das Vorzeigebeispiel im Zeitungswesen ist auf nationaler Ebene sicherlich der Newsroom der *Welt*, international betrachtet etwa der von *El Tiempo*, einer der fünf größten Zeitungen Lateinamerikas. Beide arbeiten nicht mehr print-, online- oder mobilezentriert, sondern „inhaltszentriert"[34]. Bei *El Tiempo* werden beispielsweise die Redakteure jeden Morgen von Produktmanagern dabei unterstützt, ihre Themen auf die unterschiedlichen – und ihnen angemessenen – Kanäle anzupassen. Außerdem erhält jede Redaktionsgruppe einen „Superuser", das heißt einen Kollegen, der ihnen hilft, die Inhalte für die gemeinsame Datenbank aufzubereiten.

Diese Hinwendung zum Publikum lässt auf ein Paradoxon schließen: Wie können im digitalen Zeitalter Redakteure und Autoren noch Themen setzen, die sie selbst für gesellschaftspolitisch relevant halten, wenn gleichzeitig die Leser mit ihren Bedürfnissen in den Mittelpunkt der Redaktionsinteressen rücken?

Es scheint jedoch in digitalen Zeiten mehr um die Optimierung redaktioneller Arbeitsabläufe zu gehen, als um die Einflussnahme des Publikums auf die grundsätzliche thematische Ausrichtung der Redaktionen. Die Auswertungen der Interviews werden in den folgenden Kapiteln näher auf diese anscheinende Diskrepanz eingehen.

Das Gegenteil zu diesem angeblichen Paradoxon ist das Verständnis von Journalismus als „Gemeinschaftserlebnis"[35], ein Schlagwort, das im Hinblick auf das

---

verband der Zeitungen und Zeitungsherausgeber (WAN/IFRA), hrsg. von Erbsen, Claude E./Giner, Juan Antonio/Senor, Juan/Torres, Marta, Salzburg-Eugendorf 2009, S. 12.

[34] Botero, Marta: „El Tiempo" führt den Multimediamarsch an, in: Zeitungsinnovationen 2010. Weltreport. Jahresbericht der Innovation International Media Consulting Group für den Weltverband der Zeitungen und Zeitungsherausgeber (WAN/IFRA), hrsg. von Erbsen, Claude E./Giner, Juan Antonio/Senor, Juan/Torres, Marta, Salzburg-Eugendorf 2010, S. 22.

[35] Simons: Journalismus 2.0, S. 156.

Geschäftsmodell von *Krautreporter* noch mehrfach in dieser Studie fallen wird. So nutzt die *Krautreporter*-Redaktion das *Crowdsourcing*-Prinzip und damit die Potenziale ihrer Mitglieder dazu, die Recherche zu ausgewählten Geschichten gemeinsam mit diesen zu betreiben. Sie suchen im Vorfeld die Mitglieder aus, die ihren persönlichen Angaben nach etwas zu dem Thema beitragen könnten oder sich durch Kontakte in diesem Umfeld ausweisen. Simons nennt das die „Weisheit der Vielen"[36], manche auch „Schwarmintelligenz"[37]. Das ist zwar keine Zielgruppenansprache im Sinne einer klassischen Werbestrategie, aber immerhin eine Form der Einbindung der eigenen Leser und Unterstützer.

> „Die Herausforderung für die Zeitung ist es, da zu sein, bevor es andere sind, und diese Veränderung an erster Stelle mit anzuführen, um den Lesern, die bei der Erstellung, Verbreitung und Auswertung von Nachrichten mitwirken möchten, eine Plattform zu bieten."[38]

Diese Art von Gemeinschaftserlebnis gründet letztlich auf drei Konzepten, die für den Strukturwandel in der Medienbranche wichtig sind: *Public Journalism*, *Bürgerjournalismus* und *Partizipativer Journalismus*.

Die drei Begriffe sind zwar definitorisch stark voneinander abzugrenzen, beschreiben jedoch im Kern den Prozess der „Bewusstseinserweiterung [...], die eben jene Formen der dialogischen Kommunikation und dynamischen Interaktion ermöglicht, die in der von den analogen Medien betriebenen *Einbahnstraßenpublizistik* bisher ein Fremdwort sind"[39]. Es handelt sich damit um Entwicklungsstufen von Publikumsbeteiligung am Journalismus. Mit *Public Journalism* beschrieb man, zuerst im angloamerikanischen Raum, die Bestrebungen nach einer möglichst bürgernahen journalistischen Arbeitsweise, die Unabhängigkeit jedoch gewährleistet. Dieses Konzept entstand als Gegenbewegung zum *Fortress Journa-*

---

[36] Simons: Journalismus 2.0, S. 157
[37] Simons: Journalismus 2.0, S. 117.
[38] Sama, Gabriel; Herausforderungen und Chancen für Medienorganisationen, in: Zeitungsinnovationen 2010. Weltreport. Jahresbericht der Innovation International Media Consulting Group für den Weltverband der Zeitungen und Zeitungsherausgeber (WAN/IFRA), hrsg. von Erbsen, Claude E./Giner, Juan Antonio/Senor, Juan/Torres, Marta, Salzburg-Eugendorf 2010, S. 45.
[39] Weichert, Stephan/Kramp, Leif/von Streit, Alexander: Digitale Mediapolis. Die neue Öffentlichkeit im Internet, Köln 2010, S. 69.

lism[40], dessen Vorstellung nach gerade Zeitungsjournalisten ihren demokratischen Auftrag zur Aufklärung der Gesellschaft in ungenügendem Maße erfüllen würden. Journalisten sollten im Zuge dieses Sinneswandels auf Augenhöhe mit ihrem Publikum agieren. Der Wandel beinhaltet einen *Change Management*-Prozess, der allerdings zunächst nur von ethischer Bedeutung war.

Mit dem Begriff des *Bürgerjournalismus* oder *Citizen Journalism* nahm dieser Prozess dann erstmalig praktische Ausmaße an: Mit der Digitalisierung konnten sich Leser als Nutzer nun aktiver am öffentlichen Diskurs beteiligen als je zuvor. Die Wahrnehmung veränderte sich vom *Top-Down*- zum *Bottom-Up*-Prinzip, infolgedessen die Leser auf Augenhöhe mit den Redaktionen agieren konnten, sie, mehr noch, gar nicht mehr benötigten, um gehört zu werden. „Häufig wird diese Form auch als *Graswurzeljournalismus* [...] bezeichnet, um den Bottom-Up-Prozess der journalismusähnlichen Formierung zu beschreiben."[41] Die Kommentar-Kultur ist ein wichtiges Element dieses Prozesses, aber auch Blogs bestätigen, dass heute jeder Internetnutzer die nötigen Voraussetzungen und Werkzeuge besitzt, um zum Gestalter und Produzenten werden zu können.

Eingang in das Verlagsmanagement resp. die Redaktionsorganisation im eigentlichen Sinne eines *Change Managements* fand diese Entwicklung mit dem Leitbegriff des *Partizipativen Journalismus*, also einem Journalismus, der seine Nutzer auch *aktiv* an seinem Tagesgeschäft beteiligt, in Form von Foren, Veranstaltungen, Blogs, Recherche-Anfragen und Ähnlichem. „Visionen eines Journalismus, der diesen grundlegenden Wandel der öffentlichen Selbstverständigung in der Gesellschaft aufgreift und sich zunutze macht, in die Praxis zu überführen, ist eine der großen Herausforderungen des Redaktionsmanagements."[42] Nach der Ansicht vieler Experten und Branchenvertreter gilt es zukünftig, den Wandel aktiv mitzugestalten.

---

[40] Weichert/Kramp/Welker: Die Zeitungsmacher, S. 64.
[41] Weichert/Kramp/Welker: Die Zeitungsmacher, a.a.O..
[42] Weichert/Kramp/Welker: Die Zeitungsmacher, S. 58.

Ansatz	Umsetzung	Motive	Form	Beispiele
Spielfeld	Freiräume für Nutzerbeiträge	Nutzerbindung, Forumsfunktion, Entlastung des Redaktionsbetriebs	Kommentierung	Leserbriefe, Kommentare unter Online-Beiträgen
			Beteiligung als Autor	Gastbeiträge
			Vergemeinschaftung/ Nutzer-Community	Blogs, Diskussionsforen, Leserstammtische
Quelle	(Reglementierte) Einbindung in journalistische Arbeitsprozesse	Nutzerbindung, Input für Nachrichtenproduktion	Zulieferung von Informationen	Einsenden von Hinweisen, Bildern etc.
			Mitwirkung an der Recherche	Crowdfunding
			Mitwirkung an der Erstellung von Beiträgen	Kollaboratives Storytelling
			Mitwirkung beim Redigieren	Fact Checking
			Mitwirkung an Themenplanung	Redaktionskonferenzen

Tabelle 2: Formen der Nutzerbeteiligung am Journalismus nach Weichert/Kramp/Welker 2015

Das Konzept eines *Partizipativen Journalismus* beschwört heutzutage vielfach die Frage auf, inwiefern Journalismus noch unabhängig von seinem Publikum sein kann. Laut Meyen und Riesmeyer

„ist die Unabhängigkeit vom Publikum dort am größten, wo ohnehin die Macht im Feld liegt: bei den Nachrichtenmagazinen, bei den überregionalen Tageszeitungen und bei den Wochenblättern mit überregionalem Anspruch und einem Schwerpunkt in den Bereichen Politik, Wirtschaft oder Kultur.[43]"

Nichtsdestotrotz sind es vor allem junge Unternehmen wie *Krautreporter*, die sich die Unabhängigkeit auf die Fahne geschrieben haben, indem sie sich wesentlich

---

[43] Meyen, Michael/Riesmeyer, Claudia: Diktatur des Publikums. Journalisten in Deutschland, Konstanz 2009, S. 125.

mit traditionellen Werten wie Transparenz, Glaubwürdigkeit und Verantwortung vermarkten und damit als professionelle Filter und Vermittler von Nachrichteninhalten dienen. „Eine redaktionelle Struktur, die Inklusions- und Partizipationsleistungen institutionalisiert, kann Journalismus [...] auf ein höheres Qualitätsniveau heben"[44], gleichzeitig treibt sie aber den journalistisch-ethischen Diskurs auf die Spitze.

Publikumseinbindung allgemein steht längst nicht mehr für Innovation, sondern für einen gesetzten Standard, den traditionelle Medien ebenso wie „innovative" Start-Ups bedienen müssen. Neuartig ist nur die Intensität, mit der dies heute geschieht, sowie die Tatsache, dass der Leser nicht mehr nur Konsument von Inhalten ist, sondern gleichzeitig ihr Gestalter und Financier. Sicherlich wird es auch weiterhin Menschen geben, die die ihnen gebotenen Möglichkeiten des Mitgestaltens nicht nutzen werden, doch verhilft eine Auseinandersetzung mit den Bedürfnissen derjenigen, die gestalten möchten, den Medien zu größerer Reichweite und einer höheren Qualität der eigenen Produkte. „Deshalb schaffen Medienunternehmen, denen es gelingt, das Potenzial ihrer Nutzer zu erschließen, Voraussetzungen dafür, dass sie authentischer, aktueller und fundierter berichten können […]. Und sie schaffen eine wichtige Voraussetzung dafür, dass sich ihre Inhalte bei den Nutzern schneller und weiter verbreiten."[45]

Im Folgenden sollen neue Geschäftsmodelle und alternative Finanzierungsstrategien im Online-Journalismus vorgestellt werden, auf denen auch *Krautreporter* per Crowdfunding basiert und zukünftig mit seinem Genossenschaftsmodell aufbauen will.

---

[44] Weichert/Kramp/Welker: Die Zeitungsmacher, S. 69.
[45] Simons: Journalismus 2.0, S. 157.

2.4 Management 3.0 – Die neue Geisteshaltung im Medienmanagement

Eine kritische Auseinandersetzung mit der zukünftigen Entwicklung des Journalismus ist nur unter Berücksichtigung einer veränderten Denkweise in den Medienunternehmen sinnvoll. Mit dem Strukturwandel in der Branche müssen sich schließlich nicht allein die Journalisten, wie bereits erwähnt, auf ein neues Berufsanforderungsprofil und eine moderne Redaktionsorganisation einstellen. Auch das Verlagsmanagement muss sich mit Prozessoptimierungen bezüglich der Frage befassen, wie ihre Produkte im digitalen Zeitalter vertrieben und rentabel finanziert werden können. Dabei ist das Krisennarrativ, so die Anmutung, in den vergangenen Jahren einer Lust am Experimentieren gewichen. „Die ehemaligen Vordenker und Utopisten der Branche gehören heute weitgehend dem Establishment und längst nicht mehr der Avantgarde an."[46]

Einen positiven Zugang zu dem Thema findet beispielsweise der Journalist und Buchautor Christian Jakubetz. Auf seinem Blog schreibt er regelmäßig über die Zukunft der Medienbranche und setzt sich besonders mit den Geschäftsmodellen neuer Projekte wie *Krautreporter* oder *Correct!V* auseinander. Den Lobeshymnen auf die Innovationskraft der journalistischen Projektredaktionen, setzt Jakubetz entgegen, dass die etablierten Verlage bereits ebenso zukunftsorientierte Ansätze verfolgen können und würden; „[D]ie Innovation passiert eben nicht nur an den Rändern – so schwarz-weiß ist nicht mal die Medienwelt"[47].

Die Entwicklung von digitalen Geschäftsmodellen, die in Kapitel 3.1 größere Erwähnung finden, ist geprägt von verschiedenen managerialen Kategorien, die der „Innovationsreport Journalismus"[48] bereits 2012 vorgestellt hat. Im Fokus der Unternehmen – ob Konzern oder Start-Up, Non-Profit-Unternehmen oder Crowdfunding-Projekt – stehen Finanzierungsideen, eine Zielgruppen-Definition, ein thematischer Zuschnitt, Optimierungen im redaktionellen Arbeitsprozess, die

---

[46] Kramp, Leif/Weichert, Stephan: Innovationsreport Journalismus. Ökonomische, medienpolitische und handwerkliche Faktoren im Wandel, hrsg. von der Friedrich-Ebert-Stiftung Politische Akademie Medienpolitik, Bonn 2012, S. 22.
[47] Jakubetz, Christian: Hoffnungsschimmer und Trümmer, 04.12.2014, in: http://www.newsroom.de/news/detail/824635 (Zugriff am 21.08.2015).
[48] Kramp, Leif/Weichert, Stephan: Innovationsreport Journalismus. S. 48 ff..

Weiterentwicklung handwerklicher Instrumente, Darstellungsformen, Design und Navigation sowie die Interaktion mit den Usern unter dem Stichwort Mobilität. Die Kategorien bilden, wenn auch perspektivisch gesehen unvollständig, den ökonomischen Aspekt des Strukturwandels in den Medien anschaulich ab, weshalb sie als Grundlage der Erläuterungen dienen sollen.

Finanzierungsideen

„Im Mittelpunkt von Innovationsstrategien seitens Medienunternehmen stehen verständlicherweise in erster Linie wirtschaftliche Erwägungen, um die Profitabilität des journalistischen Angebots zu gewährleisten oder noch zu erhöhen."[49] War es zu Beginn der Digitalisierung die Strategie der großen Verlagshäuser, ihr traditionsreiches Geschäftsmodell schlicht auf den digitalen Bereich zu übertragen und dort flächendeckend den Content unentgeltlich anzubieten, gehört es mittlerweile zum guten Ton in der Branche, Journalismus im Internet als geistige Leistung zu schützen und rentabel zu machen. *Spiegel Online* war im Jahr 1994 als erstes Printmedium im Netz vertreten, einer Zeit, in der Erlösmodelle wie Paywalls noch gar nicht gedacht wurden. Die Konkurrenz folgte mit ein wenig Verspätung: *SzonNet* war die erste Internet-Version der *Süddeutschen Zeitung* und startete am 6. Oktober 1995, dem 50. Jubiläum der Printausgabe. Ihre Mitbewerberin *Die Welt* launchte *Welt Online* im selben Jahr und führte 2012 als erste Tageszeitung in Deutschland ein Bezahlsystem ein. *Die Zeit* berichtet seit 1996 auch online, während die *Frankfurter Allgemeine Zeitung* (*FAZ*) erst im Jahr 2001 einen ersten eigenen Internetauftritt aufbaute. Die folgende Grafik zeigt ein Ranking der Zeitungsportale mit der größten Reichweite in Deutschland, zum Zwecke der Untersuchungen dieser Studie wurden allerdings von den Top 20 nur die ersten zehn ausgewählt.

---

[49] Kramp/Weichert: Innovationsreport Journalismus, S. 48.

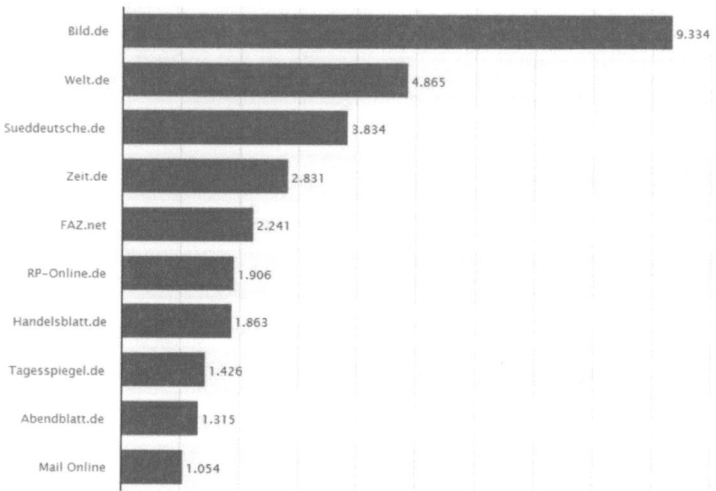

Abbildung 1: Ranking der reichweitenstärksten Zeitungsportale in Deutschland 2013 nach Statista

Der Markt für Zeitungen und Zeitschriften im Internet forderte rasch einen Kampf um Userzahlen und die damit verbundene, ursprünglich Print-typische Reichweitengenerierung. Wegen der enormen Auflagenverluste im Printbereich versuchten die Verlage zunächst, diese mit verschiedenen Anzeigenerlösmodellen im Onlinebereich aufzufangen. Mit der Zeit stellte sich jedoch heraus, dass Werbung im Netz keine nennenswert rentablen Gewinne abwirft, weshalb die „Onliner" in vielen Redaktionen ein Schattendasein neben den Printjournalisten führen mussten.
Die *Süddeutsche Zeitung* machte Anfang 2014 Schlagzeilen, als einige führende Printredakteure es ablehnten, Stefan Plöchinger, den Chefredakteur von *Süddeutsche.de*, in die gemeinsame Chefredaktion des Verlags aufzunehmen[50]. Ein Gegenbeispiel ist der Axel Springer Verlag, der, aller Kritik zum Trotz, früh die Potenziale des Online-Journalismus entdeckte und für sich zu nutzen wusste. So war er als erster deutscher Verlag mit einer Dependance im Silicon Valley vertreten

---

[50] Fichter, Alina: Zwei Welten, 20.03.2014, in: http://www.zeit.de/2014/13/sueddeutsche-zeitung-ploechinger (Zugriff am 24.08.2015).

und entsandte Mitarbeiter aus Management und Redaktion in das kalifornische Vorzeige-Cluster mit der Botschaft, sie mögen den dort herrschenden Innovationsgeist erfassen und mit kreativen Ideen nach Deutschland zurückkehren. Seitdem hat sich Einiges getan: Plöchinger ist nach den anfänglichen Querelen Mitglied der *SZ*-Chefredaktion geworden, auch die *Zeit* schickt mittlerweile ihre Botschafter nach Kalifornien und viele Vertreter der Branche fanden Mittel und Wege ihren Journalismus. Mit dem *E-Paper* nahm diese Entwicklung ihren Anfang und weitete sich mit Zusatzangeboten außerhalb des Kerngeschäftsbereichs aus, beispielsweise Buchreihen und Reiseangeboten, mit denen vorrangig die Onlineredaktionen querfinanziert werden sollten. Gegenwärtig steht die Weiterentwicklung mobiler Apps im Vordergrund der unternehmerischen Investitionen und Strategien sowie verschiedene Paywall-Modelle mit ihrer Tragfähigkeit und Rentabilität (s. Kapitel 3.1).

Ob diese Lösungsversuche sich auch langfristig auszahlen und irgendwann gar eigene Gewinne einfahren können werden, bleibt abzuwarten. Viele Onlineredaktionen können sich finanziell gesehen noch immer nicht selbst tragen. Allein Axel Springer gibt an, er würde den Hauptanteil des Umsatzes, der mittlerweile 60 Prozent ausmacht, mit dem Onlinebereich erwirtschaften.[51]

Die *tageszeitung (taz)* war das erste traditionelle Medium in Deutschland, das sich dem Crowdfunding-Prinzip verschrieb, als der Begriff als solches noch gar nicht existierte. Sie basiert seit 1992 auf einem genossenschaftlich organisierten Geschäftsmodell: Im Zuge einer existenziellen monetären Krise wurde die *taz* Verlagsgenossenschaft eG gegründet, die seitdem als Herausgeber fungiert. Das Online-Angebot auf *taz.de* – seit 1995 verfügbar – ist für alle Leser kostenfrei zugänglich, finanziert durch einerseits Genossenschaftsanteile und andererseits durch sogenannte „Freiabos", das heißt regelmäßigen Zahlungen von „treuen" Lesern, sowie einmaligen Zahlungsoptionen für einzelne Artikel.

---

[51] Axel Springer SE (Hrsg.): Axel Springer investiert im ersten Halbjahr in digitales Wachstum, 04.08.2015, in: http://www.axelspringer.de/presse/Axel-Springer-investiert-im-ersten-Halbjahr-in-digitales-Wachstum_24078678.html (Zugriff am 24.08.2015).

Bislang ist die *taz* mit ihrem Konzept im Umfeld anderer klassischer Tageszeitungen noch ein Außenseiter. Es sind vielmehr journalistische Projekte, die diesen Weg der Finanzierung für sich nutzen. Spätestens mit der Gründung der Plattform *Kickstarter* 2009, „hat sich die Idee für die allgemeine Existenzgründung etabliert[52]". In den USA ist dieser Trend weitaus beliebter als in Deutschland, zumindest sind *Krautreporter* und *Correct!V* die einzigen journalistischen Start-Ups, deren Gründung und Entwicklung hierzulande öffentliche Aufmerksamkeit auf sich zogen.

Zielgruppen-Definition

Aus dem Paradigmenwechsel im Verhältnis zwischen Leser und Redaktion ergeben sich auch neue Aspekte für das Marketing. Die Abteilung, die sich seit jeher mit Kundenbindung und -akquise beschäftigt, steht mit der Digitalisierung vor der Herausforderung, dass sich Zielgruppen diversifizieren. Während sich die Bedürfnisse der „neuen" Leserschaft nach qualitativ hochwertigen Nachrichten immer breiter auffächern, verlangen ihre Interessen immer kleinere Nischenmärkte, die es zu bedienen und mit Content zu füllen gilt. „Dieser Trend zur Special-Interest-Medien in der Politikberichterstattung folgt einer deutlich früheren Spezialisierung im Wirtschaftsjournalismus, welche den Erfolg von zielgruppenaffin eng zugeschnittenen Newslettern und Branchenmagazinen unter Beweis stellte."[53] Entwicklungen dieser Art sind vor allem auf dem Zeitschriftenmarkt zu beobachten, wo die Kluft zwischen den Auflagen der führenden Publikumszeitschriften wie *LandLust* (Landwirtschaftsverlag GmbH) oder *ComputerBild* (Axel Springer SE) und den traditionellen Nachrichtenmagazinen wie *Stern* und *Spiegel* besonders deutlich ist.[54]

So buhlen die Marketing-Experten der Unternehmen in erschwertem Ausmaße um ihre Zielgruppen, die es zu definieren gilt, sich jedoch schwerlich fassen lassen. In

---

[52] Kramp/Weichert: Innovationsreport Journalismus, S. 50.
[53] Kramp/Weichert: Innovationsreport Journalismus, S. 52.
[54] Vgl. Auflagentabellen des Verbandes Deutscher Zeitschriftenverleger (VDZ) (Hrsg.): Print wirkt. Auflagentabelle Quartal 2/2015 Gesamtauswahl, in: http://www.printwirkt.de/pw-auflagen/ (Zugriff am 24.08.2015).

der Folge ist es wichtiger denn je, das Profil der eigenen Marke zu schärfen bzw. als junges Unternehmen ein Profil zu entwickeln.

Thematischer Zuschnitt

Zu den Bereichen, die im „Innovationsreport Journalismus" als wegweisend für das Medienmanagement der Zukunft beschrieben werden, gehört auch die Expertise, mit der sich die Redaktionen von ihren Konkurrenten abheben können. Die klassischen Nachrichten-Websites versuchen dies vorwiegend mit Sonderseiten oder multimedialen Specials zu kontroversen Themen zu erreichen.
Einen thematischen Zuschnitt zu erreichen heißt im Sinne dieser Studie allerdings, auch den unternehmerischen Schwerpunkt insgesamt zu fokussieren. Wenn etwa Axel Springer die beiden, durchaus prestigeträchtigen Regionalzeitungen *Berliner Morgenpost* und *Hamburger Abendblatt* abstößt[55], handelt es sich um eine langfristige Markenstrategie, die darauf aus ist, mithilfe des neu gewonnenen Kapitals das Profil des Unternehmens als digitaler Marktführer noch mehr in den Mittelpunkt zu stellen. Dieser Innovationsbereich kann mithin sowohl unternehmensintern als auch -extern betrachtet werden, weil in beiden Fällen dasselbe Ziel verfolgt wird.

Redaktionelle Arbeitsprozesse, handwerkliche Instrumente und Darstellungsformen

Diese drei Innovationsbereiche beeinflussen die Redaktionsorganisation so tiefgehend, dass sie zusammengefasst werden sollen. Newsrooms und *Newsdesks* haben sich zunächst im Ausland und seit einiger Zeit auch in Deutschland etabliert, die Begriffe Storytelling und Crossmedia sind allgemein bekannt (obgleich ihre Potenziale noch lange nicht ausgeschöpft sind). Diese Tendenzen spitzen sich zu, indem Vorbilder aus dem US-amerikanischen Raum wie das „Center for Investi-

---

[55] Axel Springer SE (Hrsg.): Funke Mediengruppe übernimmt Regionalzeitungen und Teile des Zeitschriftenportfolios von Axel Springer, 25.07.2013, in: http://www.axelspringer.de/presse/FUNKE-MEDIENGRUPPE-uebernimmt-Regionalzeitungen-und-Teile-des-Zeitschriftenportfolios-von-Axel-Springer-Gruendung-von-Gemeinschaftsunternehmen-fuer-Anzeigenvermarktung-und-Vertrieb_18994020.html (Zugriff am 24.08.2015).

gative Reporting"[56] in Berkeley versuchen, „den journalistischen Produktionsprozess (und nicht nur die Recherche) in die Öffentlichkeit zu tragen und aktiv Voraussetzungen für den direkten Dialog mit Mediennutzern zu schaffen"[57]. Derart werden die Grenzen zwischen Leser und Redaktion durchbrochen und fördern im marketing-technischen Sinne die Bindung zum Kunden. „Folgt man diesem Richtungszeig, reichen Marketing-Initiativen in Deutschland wie die Eröffnung von ‚*FAZ*-Cafés' an einzelnen Universitäten mit kostenlosen Zeitungsausgaben und günstigen Getränken zu kurz."[58] Wieder einmal sind die USA die innovationsreichste Kraft auf diesem Gebiet.

Dass mit neuen Formaten, Inhalten und Instrumenten auch die handwerklichen Kompetenzen der Journalisten wachsen, ist unbestritten. Neben der crossmedialen Ausbildung der jungen Generation, sollen Workshops und andere Weiterbildungsmaßnahmen den Umgang mit digitalen Inhalten fördern.

Nicht unerwähnt darf das Thema Datenjournalismus bleiben, das den Wandel der branchenspezifischen Darstellungsformen in jüngster Zeit erheblich beeinflusst hat und perspektivisch die Glaubwürdigkeit der Journalisten wird unterstützen können.

Design, Navigation, Interaktion mit dem User und Mobilität
Auch die Aspekte, die größtenteils mit mobilen Diensten in Verbindung stehen, sollen hier zusammengefasst dargestellt werden. App-Entwicklungen sind in nahezu jedem Verlag ein dominierender Innovationsbereich, der personellen und finanziellen Aufwand bedeutet. Im klassischen Medienbereich sind es einige wenige Anbieter, die innovative Konzepte in diesem Bereich entwickeln konnten: Die Nachrichten-App der *Welt* etwa bietet multimediale Features mit Text, Fotostrecken und Videos, mit der die Geschichten auch haptisch erlebt werden sollen. Als innovativ eingestuft werden kann auch die App des Nachrichtensenders Al Jazeera, *AJ+*, die mit haptischen Elementen spielt. Und auch die *Zeit* arbeitet an dynamischeren Design- und Erzählformaten.

---

[56] https://www.revealnews.org/.
[57] Kramp/Weichert: Innovationsreport Journalismus, S. 58.
[58] Kramp/Weichert: Innovationsreport Journalismus, S. 59.

Davon abgesehen sind es hauptsächlich Start-Ups die die digitalen, mobilen Möglichkeiten konsequent nutzen. *Circa* etwa greift zum grafischen Format von Karteikarten, um durch seine Geschichten zu führen. Nach wie vor scheint der Trend aus Expertensicht[59] zu Anbietern wie *Flipboard* zu gehen, sogenannten Lese-Apps, die Nachrichten und anderen Content aus den verschiedensten Quellen, so auch von Facebook, Twitter und den klassischen Nachrichten-Websites bezieht und dem User ein individuelles, nach seinen Wünschen ausgerichtetes Magazin zusammenstellt. Auch das US-Start-Up *Byliner* setzt weniger auf dieses Prinzip:

> „Byliner fungiert zum einen als Sammelsurium langer Lesestücke aus Magazinen und Büchern, zum anderen als Plattform für originäre Essays, Aufsätze, Meinungsstücke und Erzählungen und stellt damit – wohlgemerkt online – die Neuentdeckung der Langsamkeit gedruckter Medien [...] und die Hinwendung zum Hintergründigen und Tiefschürfenden unter Beweis, also jene Qualitätsmerkmale, die zuletzt vor allem dem Printjournalismus in Zeiten der Krise angeraten wurden."[60]

Mobile Endgeräte sind gleichberechtigten Medien geworden, deren Nutzung weder an Zeiten noch an Orte gebunden ist. „Größe und Leistungsfähigkeit haben exorbitant zugenommen, unterm Strich bedeutet dies ein erhebliches Mehr an Mobilität."[61]

Entschieden innovativ im Vergleich zum Print-Zeitalter ist die „Möglichkeit, journalistische Inhalte nicht nur unterwegs zu rezipieren, sondern sie vielmehr überall mobil mittels handlicher Geräte sowohl zu produzieren als auch zu veröffentlichen"[62]. Die Interaktion mit dem Leser nimmt Ausmaße an, die noch vor fünf Jahren kaum jemand gedacht hätte. Das Experimentieren nimmt also weiterhin zu und die Frage nach dem Erfolg von verschiedenen Modellen bleibt.

---

[59] Vgl. Stöcker, Christian: Social-Network-Magazin Flipboard: Freunde fürs Lesen, 22.07.2010, in: http://www.spiegel.de/netzwelt/web/social-network-magazin-flipboard-freunde-fuers-lesen-a-707747.html (Zugriff am 24.08.2015), Stöcker bezeichnet darin Flipboard als „eine kleine Medienrevolution".
[60] Kramp/Weichert: Innovationsreport Journalismus, S. 64.
[61] Jakubetz: Crossmedia, S. 131.
[62] Kramp/Weichert: Innovationsreport Journalismus, S. 74.

3 *Krautreporter* im Kontext des digitalen Wandels

3.1 Von Paywalls bis Native Advertising – Aktuelle Geschäftsmodelle und Strategien der traditionellen deutschen Medienunternehmen

In Kapitel 2.1 wurde der Wandel in der Medienbranche bereits mit dem Umbruch in der Musikindustrie in Beziehung gesetzt. Letztere wurde frühzeitig in ihrer digitalen Entwicklung von ihren Konsumenten dominiert, zugegebenermaßen auf meist illegalem Wege mit dem Brennen von CDs sowie Downloads und Streaming auf rechtswidrigen Internet-Portalen, die damit – im Gegensatz zur Industrie selbst – immense Gewinne einfuhren. Zwar macht das Streaming-Geschäft tatsächlich immer noch einen sehr kleinen Anteil am Musikmarkt aus, jedoch wächst er mit seinen Anbietern wie *Napster* und Spotify stetig.

> „Heute sind legale Musikdownloads ein Millionengeschäft, das weiterhin wächst, während das lange Sterben der CD begonnen hat. Man muss diesen Satz bitte genau lesen, ihn verinnerlichen, ihn verstehen – und dann gegebenenfalls über eigene Analogien zu Medien nachdenken: Die CD ist tot. Endgültig. Erledigt."[63]

Auch auf dem Zeitungsmarkt überwog jahrelang die Überzeugung, man könne gegen die Bedürfnisse der Konsumenten ergo der Leser und gegen Wettbewerber, die diese Bedürfnisse scheinbar besser zu befriedigen wussten, nicht viel ausrichten. Auch heute sind die Nachwirkungen dieser scheinbaren Hilflosigkeit noch spürbar, etwa als Google mit *Google News* einmal mehr seine Marktmacht demonstrierte.[64] Der deutsche Staat reagierte auf die Zwangslage der Verlage mit dem, obgleich unverhältnismäßig ausgestalteten Leistungsschutzrecht[65].

Eine Refinanzierung allein durch den Verkauf von Werbeanzeigen ist auch auf dem Onlinemarkt nicht mehr möglich. Neben den stetigen Auseinandersetzungen mit Google und der unablässigen Gefahr seitens der Dienstleister, die ihren Content weiterhin kostenlos anboten, hat sich in den vergangenen Jahren deshalb zunehmend die Einstellung der Verlage zu Paid Content gefestigt: Das Ziel ist es,

---

[63] Jakubetz: Crossmedia, S. 169.
[64] taz/dpa: Google trickst sie alle aus, 21.06.2013, in: http://www.taz.de/!5064771/ (Zugriff am 25.08.2015).
[65] Vgl. Bundesministerium der Justiz und für Verbraucherschutz (Hrsg.): Gesetz über Urheberrecht und verwandte Schutzrechte (Urheberrechtsgesetz). Abschnitt 7. Schutz des Presseverlegers. http://www.gesetze-im-internet.de/urhg/BJNR012730965.html (Zugriff am 25.09.2015).

den Journalismus im Netz erfolgreich zu finanzieren. Unter dem Grundprinzip der Paid Content-Modelle, unter das auch die Paywalls fallen, versteht man den direkten Verkauf von digitalen Inhalten an den Endkonsumenten.

Paywalls

Basierend auf den Angaben des BDZV sind es nach dem ersten Quartal 2015 insgesamt 106 deutsche Zeitungen, die mit ihrem Online-Angebot mittlerweile auf Paywalls setzen.[66] Es handelt sich um ein Geschäftsmodell, das sich auf den Verkauf von Website-Content durch eine Bezahlschranke bezieht. Die *taz* ist dabei die einzige Zeitung, die die Bezahlung für ihre Inhalte optional anbietet (*Freiwillige Bezahlung*).

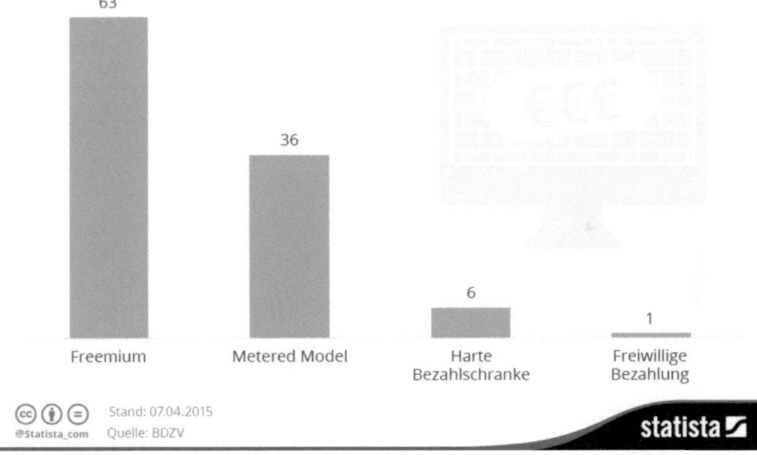

Abbildung 2: Anzahl deutscher Zeitungen mit Paid-Content-Modellen 2015 nach Statista

---

[66] Brandt, Mathias: 106 deutsche Zeitungen setzen auf Paywalls, 07.04.2015, hrsg. von Statista, in: http://de.statista.com/infografik/1239/deutsche-zeitungen-mit-paywall/ (Zugriff am 25.08.2015). Eine Übersicht deutscher Zeitungen, die Paywall-Modelle anwenden, liefert der BDZV in: http://www.bdzv.de/maerkte-und-daten/digitales/paidcontent/ (Zugriff am 25.08.2015).

Das Modell der *harten* oder auch *geschlossenen Bezahlschranke* kommt in der Umsetzung relativ selten vor. Dem Nutzer stehen dabei ohne die entgeltliche Freischaltung keinerlei Inhalte zur Verfügung. Konsequent verfolgt etwa das *Wall Street Journal* dieses Modell, auch wenn es mittlerweile, dem öffentlichen Druck geschuldet, seine Meinungsseiten kostenlos anbietet. Ferner passt es seine Paywall zur eigenen Usergenerierung flexibel an Ausfälle der Konkurrenz an. [67] Die britische Tageszeitung *Times* verlor mit der Einführung dieses Modells allerdings 90 Prozent ihrer Pageviews und 62 Prozent ihrer Unique User.[68] Die größte Schwierigkeit der harten Bezahlschranke liegt auch darin, dass das Medium aus der Google-Suchmaschinerie verschwindet und somit im Netz kaum sichtbar ist. Auch die Nutzer, die von sozialen Netzwerken auf die Inhalte der Websites zugreifen möchten, werden dadurch von Inhalten ausgeschlossen.

Daneben nutzen 63 Blätter das sogenannte *Freemium-Modell*, bei dem ein Teil der Inhalte kostenlos und der andere kostenpflichtig ist. Die *Bild*, als auflagenstärkste Zeitung Europas, baute im Juni 2013 ein solches Bezahlsystem mit *Bild-Plus* auf. Vor allem derjenige Content ist bezahlpflichtig, der aus Sicht des Verlags einen exklusiven Charakter besitzt, mithin Reportagen, Hintergrundberichte, Interviews oder Ähnliches. Weder über Google noch über Social Media lässt sich die Schranke umgehen.

Allein jede fünfte Zeitung in Deutschland setzt auf eine *halboffene Paywall*, auch *Metered Model*, das Vorzeigemodell der *New York Times* (*NYT*). Dabei steht dem Leser eine bestimmte Anzahl von Artikeln kostenfrei zur Verfügung, indes der Rest des Contents auf der Website ein Abonnement oder einen Tagespass[69] erfordert. Die Zeitungen können bei Google oder Facebook auftauchen und dem Nutzer flexiblen Zugriff zu den Inhalten gewähren, die ihn selbst interessieren. Die *NYT* war die erste international renommierte Zeitung, die das Modell einführte.

---

[67] Panzarino, Matthew: NYT Resorts To Bypassing DNS Servers Amid Potential Hacking, WJS Drops Its Paywall To Capitalize, 27.08.2013, in: http://techcrunch.com/2013/08/27/nyt-resorts-to-bypassing-dns-servers-amid-potential-hacking-wsj-drops-its-paywall-to-capitalize/ (Zugriff am 26.08.2015).
[68] Schonfeld, Erick: The Times UK lost 4 Million Readers To Its Paywall Experiment, 02.11.2010, in: http://techcrunch.com/2010/11/02/times-paywall-4-million-readers/ (Zugriff am 26.08.2015).
[69] Für 24 Stunden stehen dem User alle Inhalte zur freien Verfügung.

Seit März 2011 können die User nun monatlich 20 Artikel kostenlos lesen, danach werden sie aufgefordert, ein Digital- oder Printabo abzuschließen.

> „Newspapers and content creators in general were very interested in understanding whether transitioning to the paywall at the most popular news website would suceed, and whether it could become a blueprint for future success as a sustainable business model."[70]

Die *Süddeutsche Zeitung*, ohnehin am Stil der *NYT* orientiert, nahm sich das Metered Model als Vorbild und schaltete es im Frühsommer 2015 auf ihrer Website frei.

Anleitungen, diese Paywalls trickreich zu umgehen, gibt es bereits viele, denn technisch sind sie noch kaum so ausgereift, dass sie sich nicht umgehen ließen.

Neueste Trends: Native Advertising und Instant Articles

Einer der aktuellsten Trends auf dem Online-Werbemarkt ist das sogenannte *Native Advertising*, das als Schlagwort erst im Jahr 2012 bekannt wurde, zunächst in der Blogger-Szene, danach rapide auch in der Medienbranche.[71] *Native Ads* sind gesponserte Beiträge, die wie redaktionell erstellte Inhalte aussehen und folglich die unterschiedlichsten Formate bedienen, von Artikeln über Grafiken bis zu Blogeinträgen und Videos. Auf den Websites der Zeitungen werden sie übergangslos in den eigenen Content eingebettet, um den Lesefluss des Nutzers nicht zu stören.

David Plotz, Autor des Online-Magazins *Slate*, fasste in einem Beitrag „76 Ways to Make Money in Digital Media"[72] zusammen, und zwar aufgeteilt in Werbeoptionen in den Jahren 1998 und 2014. Ende des 20. Jahrhunderts fand er fünf Erlösmodelle für den digitalen Journalismus, darunter Bannerwerbung oder Finanzierung durch Dritte. 2014 waren schon 76 Möglichkeiten vorhanden, mit denen

---

[70] Kumar, Vineet/Anand, Bharat/Gupta, Sunil/Oberholz-Gee, Felix: The New York Times Paywall, 01/2013, hrsg. von Harvard Business School Case 512-077, 2. Aufl., u.O., in: http://www.hbs.edu/faculty/Pages/item.aspx?num=41513 (Zugriff am 25.08.2015).

[71] Zur näheren Entstehungsgeschichte des Begriffs vgl. Goodman, Steven/Ritzel, Lukas/van der Schaar, Cem: Native Advertising. Das Trojanische Pferd der Marketing Strategen um das ultimative Gewinnmodell, Hamburg 2013, S. 24.

[72] Plotz, David: 76 Ways to Make Money in Digital Media, 29.08.2014, in: http://www.slate.com/blogs/moneybox/2014/08/29/_76_ways_to_make_money_in_digital_media_a_list_from_slate_s_former_editor.html (Zugriff am 25.08.2015).

Verlage ihren Journalismus im Internet finanzieren können, so etwa Veranstaltungen für Leser, Podcast-Festivals, Weinclubs und eben auch Native Ads.

Letztere sind ein Nachfolger der *Advertorials*, mit denen man ganze Seiten oder Beilagen bezeichnet, die auf den ersten Blick wie redaktionelle Inhalte aussehen, aber Werbung beinhalten und auch deutlich als solche gekennzeichnet sind. Nur eines der vielen Beispiele hierfür ist die *Tagesspiegel*-Beilage *Ticket*, in der Veranstaltungen im Raum Berlin beworben werden, die jedoch sehr stark dem Layout und der Tonalität der Zeitung anmutet.

Kritik an dem Anzeigenmodell gibt es zuhauf: Die Ads müssen zwar als Anzeigen deklariert sein, die Grenze zwischen Werbung und Journalismus verlaufe jedoch fließend, was die Glaubwürdigkeit der Medien und das Vertrauen in sie schwäche. Für Stefan Plöchinger ist Native Advertising „eigentlich nichts anderes als verkappte Werbung im Redaktionsmantel"[73] und, mehr noch, eine Irreführung der Leser, die „sehr wohl merken, was man [Anm.: der Verlag] da tut"[74]. Für den Blogger und ZDF *heute*-Redakteur Martin Giesler grenzt das Modell sogar an Selbstaufgabe: „Diejenigen, die sagen, Native Advertising bringe auch noch Vorteile für den Leser, sind auf die Propaganda der Werbeindustrie hereingefallen."[75] Die Industrie jedoch verweist vehement auf die Qualität der Inhalte und deren Relevanz für den Leser.[76]

„Gerade auf Facebook ist Werbung in den verschiedenen Anzeigenformen ein wichtiger Baustein des Social Media-Marketings, doch richtig erfolgreich ist diese Massnahme erst, wenn es dabei um die Bewerbung von guten Inhalten geht."[77] Neben den Native Ads werden jene guten Inhalte neuerdings auch über *Instant Articles* angepriesen, einem Facebook-Dienst, der es ermöglicht, ganze Artikel und Videos der Verlage sofort im Newsfeed zu lesen. Dadurch müssen die Nutzer nicht, wie bisher, auf die Teaser bzw. Posts der Nachrichtenseiten klicken, um

---

[73] Stadtlich, Sinje: Native Ads: Werbung oder Journalismus?, 04.12.2013, hrsg. von NDR/ZAPP, in: https://www.ndr.de/nachrichten/netzwelt/Native-Ads-Werbung-oder-Journalismus,onlinewerbung101.html (Zugriff am 27.08.2015).
[74] Stadtlich: Native Ads, a.a.O..
[75] Stadtlich: Native Ads, a.a.O..
[76] Stadtlich: Native Ads, a.a.O..
[77] Goodman/Ritzel/van der Schaar: Native Advertising, S. 19.

dann auf die jeweilige Website zu gelangen. Zum Launch des Angebots im Mai 2015 fanden sich neun Medien zusammen, die mit Facebook als Partner agieren wollten, dabei die BBC und der *Guardian*, aus den USA *The Atlantic*, die *New York Times*, *BuzzFeed* und *National Geographic* sowie aus Deutschland *Spiegel Online* und *Bild.de*. Weitere Kooperationspartner kamen seitdem hinzu, doch nur wenige haben bisher Instant Articles veröffentlicht.[78] Facebook bietet den Medien mit seinem Dienst eine Vermarktungsplattform für ihre Inhalte. Verkaufen dürfen die Partner die eingebettete Werbung entweder selbst oder durch das Facebook-Werbenetzwerk, das in diesem Fall allerdings 30 Prozent der Erlöse einbehält.

Die Reaktionen der Branche auf das neue Tool fielen divers aus: Während Martin Giesler es im Branchenmagazin *medium* als eine Chance für die Zukunft des Journalismus einstufte[79], urteilte der Branchendienst *MEEDIA*, Instant Articles würden die digitalen Probleme der Verlage nicht allumfassend lösen können, es handle sich aber um ein gutes Experiment für beide Seiten.[80] Bei Springer wurde sogleich ein Bezahlsystem mit Facebook verhandelt und die *SZ* ist, wie viele andere, noch zögerlich. Eine Analyse folgt im Rahmen der Auswertung der Interviews mit Keese und Plöchinger in Kapitel 4.

Neben den dargestellten, mehr oder minder als innovativ eingestuften Erlösmodellen der Verlage, sollen auch strategische Aspekte nicht unerwähnt bleiben, die die Redaktionsstruktur und Markenausrichtung betreffen.

Change Management in der Redaktionsorganisation

In vielen Medienhäusern ist es bereits gängige Praxis, die Bereiche Print und Online organisatorisch sowie räumlich miteinander zu verbinden und damit ökonomische und personelle Synergie-Effekte zu schaffen.

---

[78] Eine Sammlung der bereits publizierten Instant Articles in: Facebook Inc. (Hrsg.): Instant Articles, in: https://www.facebook.com/instantArticles (Zugriff am 27.08.2015).
[79] Giesler, Martin: Instant Articles sind erst der Anfang, 13.05.2015, in: https://medium.com/@martingiesler/instant-articles-sind-erst-der-anfang-cb414964a50a (Zugriff am 27zu.08.2015).
[80] Winterbauer, Stefan: 5 Dinge, die Verlage über Facebooks Instant Articles wissen sollten, 21.05.2015, in: http://meedia.de/2015/05/21/5-dinge-die-verlage-ueber-facebooks-instant-articles-wissen-sollten/ (Zugriff am 27.08.2015).

„Konsequenzen aus der Konvergenz der Kanäle sollten aber nicht nur der Abbau von Parallelstrukturen und der Aufbau von Crossmedia-Redaktionen sein, sondern auch das Niederreißen baulicher Hindernisse und der Aufbau einer offenen Büroarchitektur."[81]

Vielerorts finden Veränderungen in der Redaktionsorganisation noch vor allem in der Reduzierung von Personal bzw. Sparmaßnahmen in anderen Bereichen des Redaktionsalltags Anwendung. Zudem richten sie sich größtenteils auf bestehende Hierarchien in der Führungsetage der Verlage anstatt auf notwendige und effektive Umstrukturierungen der Redaktionen selbst.

Der *Spiegel*-Verlag etwa kämpft mit Querelen in der Chefetage, seit im April 2013 Georg Mascolo und Mathias Müller von Blumencron von ihren Posten als Chefredakteure abberufen wurden. Seit 2008 hatten sie eine Doppelspitze gebildet, Müller von Blumencron war für das digitale Angebot, Mascolo für die Printausgabe zuständig. Ein Grund für den Streit waren wohl auch Unstimmigkeiten über ein Bezahlsystem für Artikel auf *Spiegel Online* sowie die rapide sinkende Auflage.[82] Es folgte ein anderthalb Jahre andauernder Machtkampf. Infolgedessen stand zunächst Wolfgang Büchner, der bereits die redaktionellen Strukturen der *Deutschen Presse-Agentur* (*dpa*) in einem Newsroom-Modell erfolgreich zusammengeführt hatte, Print- und Onlineredaktion des *Spiegel* vor. Der ehemalige stellvertretende *Bild*-Chef Nikolaus Blome sollte Büchners Stellvertreter werden. Nach Protesten der Mitarbeiter wurde er schließlich nur Leiter des Hauptstadtbüros, wofür sein Vorgänger den Posten räumen musste. Büchners Vision von einem „Spiegel 3.0", wonach jedes Ressort von einem Print- und einem Online-Journalisten gemeinsam geführt werden sollten, folgte ein Aufruhr innerhalb der Redaktionen und zu seiner Absetzung durch die Mitarbeiter KG, zu der die Online-Journalisten des Verlags im Übrigen nicht gehören.

Mit ihm verließ später auch Blome das Magazin, im Mai 2015 dann auch der Ge-

---

[81] Simons: Journalismus 2.0, S. 198.
[82] Eine übersichtliche Chronologie der Ereignisse beim *Spiegel* in: Kohlmaier, Matthias: Streit, Streit und noch mehr Streit, 04.12.2014, in: http://www.sueddeutsche.de/medien/der-spiegel-unter-wolfgang-buechner-streit-streit-und-noch-mehr-streit-1.2140673 (Zugriff am 28.08.2015).

schäftsführende Redakteur Rüdiger Ditz. Seit Januar 2015 sind Klaus Brinkbäumer und Florian Harms die neuen Chefredakteure. Die beiden Journalisten verstehen sich als Doppelspitze[83], obwohl es sich formal wieder um voneinander getrennte Führungspositionen handelt.

> „Eine Annäherung von Print und Online sowie eine Verzahnung der Arbeitsweisen ist beim Nachrichtenmagazin überfällig und eine geradezu historische Herausforderung. [...] Und das Projekt wird erst gelingen, wenn die Spiegel-Mitarbeiter erster Klasse vom Heft ihre vom Gründer verliehenen Pfründe und Mitbestimmungsrechte mit den Kollegen aus der Digital-Abteilung teilen."[84]

Ein Verlag, für den diese Verzahnung ein scheinbar funktionierendes Modell darstellt, ist Axel Springer. Mit der Zusammenlegung von *Bild-* und *B.Z.*-Redaktion wurden Ende 2013 50 Stellen zu Gunsten einer Gemeinschaftsredaktion im Berliner Springer-Hochhaus gestrichen. Dem folgte der Zukauf von N24, der eine Redaktionsfusion einleitete, infolge derer die *Welt*-Gruppe nun beide Marken produziert und vertritt. Weiteres zur Digitalstrategie des Verlags in den folgenden Kapiteln.

„Es ist nicht so, dass Redaktionen fusioniert werden, weil diese Methode die einzige und denkbar beste ist, gute Zeitungen mit gutem Journalismus zu betreiben."[85] Meist steckt ein wirtschaftlicher Handlungsdruck hinter derartigen Maßnahmen, zu der sich jedoch im besten Fall für Inhalte und Produktion des Mediums dienliche Synergie-Effekte gesellen.

Neue Sichtbarkeit in Interaktion mit den Lesern

Die Einbeziehung der Leser resp. User wurde bereits mehrfach in dieser Studie angesprochen, häufig in Zusammenhang mit der These, dass Journalismus als Gemeinschaftserlebnis gefördert werden muss. Jeff Jarvis, einer der führenden US-amerikanischen Medienkritiker beschrieb die Situation wie folgt: „Journalisten dachten allzu oft, sie wären wie Hohepriester und stünden über allem und je-

---

[83] Daniel, Matthias: „Spiegel Online wird wieder cool", in: journalist, Nr. 6 (2015), S. 15.
[84] Altrogge, Georg: Der Spiegel vor der Zerreißprobe – wer ist der Chef an er Ericusspitze?, 20.08.2014, in: http://meedia.de/2014/08/20/der-spiegel-vor-der-zerreissprobe-wer-ist-der-chef-an-der-ericusspitze/ (Zugriff am 28.08.2015).
[85] Simon, Ulrike: Warum Redaktionen fusioniert werden, in: medium magazin, Nr. 4/5 (2012), S. 28.

dem. Sie kanzelten sich also gegenüber ihrem Publikum ab."[86] Eine derartige Haltung gilt in der Branche heute als reaktionär.

Der Erfolg der *Huffington Post* als eine der meistbesuchten Nachrichten-Websites in den USA etwa „war in erster Linie einer rigorosen Hinwendung zu den artikulationsfreudigen Bloggern geschuldet"[87], die für Zeitungshäuser eine wichtige Quelle sein können. Blogger sind vernetzt und können virale Trends und Phänomene auslösen, die die klassischen Nachrichtenseiten dann aus dem Interesse ihrer Leser heraus bedienen müssen. Wie mächtig sie sind, zeigt unter anderem der *Bildblog*, der 2004 von dem Journalisten Stefan Niggemeier mit dem Ziel gegründet wurde, die Berichterstattung der Medien – zunächst nur *Bild*, *Bild am Sonntag* und *Bild.de*, seit 2009 auch andere – auf den Prüfstand zu stellen. Der Blog zieht eine enorme öffentliche Aufmerksamkeit auf sich und zählt nach eigenen Angaben täglich ungefähr 40.000 Besucher. Das gleiche Prinzip gilt für erfolgreiche YouTube-Vlogger[88] wie LeFloid, dessen große Bekanntheit dazu führte, dass er Angela Merkel interviewen durfte.[89] Die Verlage reagierten bisher verhalten, doch scheint die Blogger-Community einen Status erreicht zu haben, der es notwendig macht, die Potenziale und Reichweite dieser Publizisten zu nutzen, etwa mit Bloggertreffen wie das der *Huffington Post*[90], oder dem Barcamp der *Rheinischen Post* für Blogger aus Düsseldorf[91]. Daneben ist es bereits Usus, Leser zu exklusiven Veranstaltungen einzuladen, die markenstrategischer Natur sind. Leserreisen gehören bei der *Zeit* ebenso zu diesen Instrumenten wie Vorträge und Diskussionsabende im Redaktionsgebäude. Bei der US-Lokalzeitung *Register Citizen* können Bürger von Montag bis Samstag den Redakteuren bei der Arbeit

---

[86] Weichert/Kramp/von Streit: Digitale Mediapolis, S. 87.
[87] Kramp/Weichert: Innovationsreport Journalismus, S. 71.
[88] Vlogger = Video-Blogger.
[89] „Das Interview mit Angela Merkel - #NetzFragtMerkel", 13.07.2015, in: www.youtube.com/watch?v=5OemiOryt3c (Zugriff am 28.08.2015).
[90] Lohmeyer, Karsten: Na dann Huffington Prost! Der erste Blogger-Dialog der Huffington Post Deutschland, 11.012.2013, in: http://www.lousypennies.de/2013/12/11/na-dann-huffingtonprost-der-erste-blogger-dialog-der-huffington-post-deutschland/ (Zugriff am 31.08.2015).
[91] Schade, Marvin: Social Media first: Chefredakteur Michael Bröcker über den digitalen Kulturwandel bei der Rheinischen Post, 15.09.2015, in: http://meedia.de/2015/09/15/social-media-first-chefredakteur-michael-broecker-ueber-den-digitalen-kulturwandel-bei-der-rheinischen-post/ (Zugriff am 16.09.2015).

zusehen und in den Redaktionskonferenzen, die per Livestream ins Netz übertragen werden, Kommentare abgeben.

Journalistische Initiativen und Allianzen

Ungeachtet der hier vorgestellten, gewinnorientierten Modelle und Strategien, sind viele der deutschen Zeitungsverlage dazu bereit, sich in Form von Initiativen und Allianzen zusammenschließen, häufig mit dem Ziel, einen „besseren" Journalismus zu fördern. Eines der prominentesten Beispiele ist die *Leading European Newspaper Alliance* (*LENA*), unter deren Dach sich im Frühjahr 2015 sieben europäische Prestige-Zeitungen vereinten: die spanische *El País*, *La Repubblica* aus Italien, *Le Figaro* mit Sitz in Paris, die belgische *Le Soir*, der *Tages-Anzeiger* und die *Tribune de Genève* aus der Schweiz sowie Axel Springers *Die Welt*. Die Redaktionen sollen dabei Inhalte nicht nur austauschen, sondern auch gemeinsam entwickeln, beispielsweise indem sie große Interviews gemeinsam führen und veröffentlichen und die Redakteure sich gegenseitig besuchen. „Lena soll und wird die europaweite öffentliche Meinungsbildung stärken"[92], verkündeten die Gründer selbst. Auch werde es Kooperationen im digitalen Bereich geben.

Ein noch aktuelleres, wenn auch weitaus umstritteneres Beispiel ist die *Digital News Initiative* (*DNI*), „a partnership between Google and news publishers in Europe to support high quality journalism through technology and innovation"[93]. Zu den Gründungsmitgliedern gehören acht Verlagshäuser aus Europa, darunter die *Zeit* und die *FAZ*. Mittlerweile haben sich auch andere Medien ihr angeschlossen, wie der *Tagesspiegel* und die *SZ*. Allein 150 Millionen Euro will Google investieren, um Innovationen im Journalismus zu stärken. „Beobachter sehen darin einen Versuch des US-Konzerns, sein angespanntes Verhältnis zu den Verlagen in Europa zu verbessern."[94] Harte Kritik äußerte derweil Springer, der die Intention

---

[92] WeltN24 GmbH (Hrsg.): In eigener Sache. Große europäische Zeitungen bilden eine Allianz, 10.03.2015, in: http://www.welt.de/kultur/article138254736/Grosse-europaeische-Zeitungen-bilden-eine-Allianz.html(Zugriff am 30.08.2015).
[93] Vgl. Google Inc. (Hrsg.): The Digital News Initiative, 2015, in: http://www.digitalnewsinitiative.com/ (Zugriff am 30.08.2015).
[94] SZ/dpa: News-Initiative von Google zieht weitere Medien an, 01.05.2015, in: http://www.sueddeutsche.de/news/wirtschaft/internet-news-initiative-von-google-zieht-

Googles hinter dem Projekt in Frage stellte (Weiteres hierzu im Interview mit Christoph Keese in Kapitel 4.3).

Abseits der großen Verlage und traditionellen Medienhäuser in Deutschland sind vor allem Alternativprojekte wie *Krautreporter* und *Correct!V* an der Gründung von Initiativen im Sinne eines gemeinnützigen Journalismus beteiligt.

> „Um unausweichlichen Verteilungsproblematiken und Verdachtsfällen von Wettbewerbsverzerrung vorzubeugen, empfiehlt sich ein konzeptionelles Nachdenken über den Aufbau unabhängiger gemeinnütziger Förderinstitutionen, die mittels der Finanzierung von Schulungsprogrammen, (Recherche-) Stipendien, Kreativlabors u.v.m. zur innovativen Weiterentwicklung des Berufsfeldes beitragen [...]."[95]

Diese strategische Ausrichtung wurde aus den USA übernommen, wo sich eine steuerliche Anerkennung und damit Verbreitung von journalistischen Nonprofit-Unternehmen bereits etabliert hat: Der Newsroom *ProPublica* etwa wirbt mit dem Slogan „Journalism in the Public Interest".

In Deutschland wurde im Rahmen einer Fachtagung im November 2014 die *Initiative Nonprofit-Journalismus Deutschland*[96] gestartet, zu deren Erstunterzeichnern unter anderem der *netzwerk recherche e.V.* und *Correct!V* zählten sowie die Rudolf-Augstein-Stiftung, die auch in die Crowdfunding-Kampagne von *Krautreporter* involviert war.

Zuletzt ein Beispiel, das zeigt, wie Medienunternehmen die Marktmacht der Global Player nutzen können, um nicht nur Besucher auf ihren Seiten zu generieren, sondern diese auch zu Digital-Abonnements zu bewegen: Die *New York Times* investierte in das Start-Up *Keywee* und nutzt seit September 2014 dessen Geschäftsmodell. Keywee scannt pro Monat 50 bis 100 *Times*-Artikel nach für Facebook-Nutzer relevanten Keywords und schlägt weitere vor. Diese hängen nicht zwangsläufig direkt mit dem Thema eines Artikels zusammen, werden so aber auf

---

weitere-medien-an-dpa.urn-newsml-dpa-com-20090101-150501-99-04763 (Zugriff am 30.08.2015).
[95] Kramp/Weichert: Innovationsreport Journalismus, S. 12 f..
[96] netzwerk recherche e.V. (Hrsg.): Initiative Nonprofit-Journalismus Deutschland, 2014, in: https://netzwerkrecherche.org/nonprofit/initiative-nonprofit-journalismus-deutschland/ (Zugriff am 30.08.2015).

den Newsfeeds gerade derjenigen Nutzer sichtbar, die die Zeitung mit ihrem Content allein kaum erreichen würde. „The Times said it´s getting a 150 percent return on subscription revenue for every dollar it spends this way."[97] Das Modell beweist, wie Medienunternehmen die digitalen Angebote nutzen können, um aus einmaligen bzw. Nicht-Besuchern loyale Abonnenten zu machen.

Neben den klassischen Erlösmodellen und Strategien experimentiert die Branche mit weiteren Möglichkeiten: Auf der Website der *Sports Illustrated* etwa suchen sich die Nutzer ein Werbevideo aus, bevor sie den Inhalt abrufen können. *The Atlantic* wiederum schaffte die eigene Paywall ab und entwickelte mit der neuen „Digital First"-Strategie auch ein komprimiertes Best-Of der wichtigsten Artikel der Woche für nur 1,99 Dollar. Innovativ ist auch die „Pay with a Tweet"-Strategie, bei der die User mit ihrer eigenen Social Media-Aktivität und -Reichweite bezahlen, indem sie vorab über einen Inhalt tweeten.[98] „Geschäftsmodelle gibt es potenziell sehr viele, man muss sich nur mal ein paar Gedanken darüber machen – und sich lösen von der Idee, es gebe nur den einen, bestimmten Königsweg."[99]

3.1.1 *Süddeutsche.de* und ihre digitale Strategie

Die Unternehmensgeschichte des Süddeutschen Verlags (SV) beginnt 1945 mit der Vergabe einer Lizenz zum Druck einer Tageszeitung durch die US-Militärregierung. „Die Wertvorstellungen der ersten Verlegergeneration haben sowohl das unverwechselbare *liberale Profil* der SZ als auch das Kostenbewusstsein und die konservative Finanzpolitik des SV bis in die Gegenwart hinein nach-

---

[97] Moses, Lucia: How The New York Times finds new subscribers on Facebook, 02.07.2015, in: https://digiday.com/publishers/new-york-times-finds-new-subscribers-facebook/ (Zugriff am 31.08.2015).
[98] Eine ausführliche Analyse dieser und weiterer Strategien liefert Jan Tißler in: http://upload-magazin.de/blog/7980-paid-content-bezahlschranken/ (Zugriff am 26.08.2015).
[99] Jakubetz: Crossmedia, S. 170.

haltig geprägt."[100] Noch heute ist das Unternehmensleitbild deshalb gekennzeichnet von Grundsätzen, die sich in der Nachkriegszeit herausbildeten, wie das Prinzip der Trennung von Kapital und Management und die Verpflichtung zu hervorragender Qualität in allen publizistischen Bereichen.[101] Heute ist der SV im Besitz der Südwestdeutschen Medien Holding (SWMH), die 81,25 Prozent der Anteile hält, und der Münchner Verlegerfamilie Friedmann mit 18,75 Prozent.

Zum Verlag gehört auch sein Flaggschiff, die *Süddeutsche Zeitung*, Deutschlands größte überregionale Abonnenten-Tageszeitung samt seines Internet-Auftritts auf *Süddeutsche.de*. Wie bereits erwähnt, startete der erste Online-Auftritt des Print-Titels im Oktober 1995, zum 50. Jubiläum der *SZ*. Mit der Jahrtausendwende erhielt *SZonNet* zum ersten Mal einen Chefredakteur, Patrick Illinger, der die redaktionelle Struktur professionalisierte, die bis zu seiner Ernennung in der Verantwortung der Ressortleiter der Printausgabe lag. Infolgedessen wurde der digitale Auftritt in *sueddeutsche.de* umbenannt.

Das Jugendmagazin *jetzt* bestand seit 1993 als Beilage der gedruckten Zeitung und wurde im Zuge des zweiten Relaunches von *SZ.de* im Jahr 2000 zum interaktiven Jugend-Portal mit eigener Website ausgebaut. Heute steht *jetzt.de* für „das junge Online-Magazin der Süddeutschen Zeitung".[102]

Die auf Illinger folgenden Wechsel in der Chefredaktion führten zu unsteten Bedingungen, Personal wurde eingespart, dann wieder aufgestockt. Seit Februar 2011 bekleidet Stefan Plöchinger, der zuvor leitende Positionen bei *Spiegel Online* innehatte, das Amt des Chefredakteurs von *sueddeutsche.de*. Seit 2014 ist er als Mitglied der – mittlerweile Print und Online verbindenden – Chefredaktion für digitale Projekte der Marke zuständig.

Der Name der Website wurde erst 2012 in *Süddeutsche.de* geändert und das Logo dem Schriftzug der Printausgabe angepasst. Zuschnitte des Layouts auf die gedruckte Ausgabe befinden sich aktuell im Aufwärtstrend, da sie sich auch bei der

---

[100] Sjurts: Strategien in der Medienbranche. Grundlagen und Fallbeispiele, 3. Aufl., Wiesbaden 2005, S. 92.
[101] Prinzipien nachzulesen in: Süddeutscher Verlag (Hrsg.): Portrait. Unternehmensleitbild, in: http://www.sueddeutscher-verlag.de/info/facts/portrait (Zugriff am 31.08.2015).
[102] http://jetzt.sueddeutsche.de/ (Zugriff am 31.08.2015). Allgemein erleben Jugendmagazine im digitalen Zeitalter eine Renaissance, vgl. den *ze.tt*, das neue Online-Angebot der *Zeit* für junge Leser, in: http://ze.tt/ (Zugriff am 25.09.2015).

NYT oder der *FAZ* wiederfinden. Besonders renommierte, ehemals auflagenstarke Zeitungen landesweit rekurrieren mit diesem Relaunch auf ihre Print-Titel und die journalistische Verbindung von Print und Online zu einer Marke.

Noch mehr änderte sich im Jahr 2012 für das Digitalangebot der *SZ*: Die Zeitung nahm die Bedürfnisse und Anregungen ihrer User augenscheinlich ernst und entwickelte daraus einen Relaunch, der über ein angepasstes Layout hinausging. „Wir haben auf Sie gehört und unsere Seite an entscheidenden Stellen entschlackt, verschönert, modernisiert"[103], schrieb Plöchinger auf dem *SZBlog*, dem neuen Redaktionsblog, auf dem seither, gekoppelt mit einem Twitter-Account, Hintergründe und Debatten aus der Redaktion mit den Lesern geteilt werden. Wissenswertes zu Debatten im Netz und Netzpolitik im Allgemeinen findet der User seitdem auf dem *Digitalblog*[104] auf *Süddeutsche.de*. Die *SZ* hat damit das Thema Blogging als Trend erkannt. Bis jetzt nutzt sie diese Erkenntnis allerdings vorrangig für die Produktion und Verbreitung der eigenen Inhalte. Außerdem gibt es seit dem Relaunch weniger, dafür aber größere Anzeigen auf der Seite.

Der gesamte Content der Website war bisher kostenlos zur Verfügung gestellt worden, so auch ausgewählte Artikel aus der aktuellen Printausgabe. Die Ausnahme bildete der „exklusivere" Print-Content, etwa lange Interviews oder Reportagen, die auf der Startseite bis heute als „Das Beste aus der Zeitung" angeteasert werden. Ferner war die Gesamtausgabe der Zeitung bisher als entgeltliches E-Paper verfügbar.

In Anlehnung an ihr Vorbild, die *New York Times*, arbeitete die *Süddeutsche Zeitung* in den vergangenen Jahren verstärkt an einem tragfähigen Erlösmodell für ihr Online-Geschäft und entwickelte eine Paywall, die im März 2015 auf der Grundlage des Metered Models startete. Zehn Texte pro Woche sind für die Leser kostenfrei abrufbar, ebenso wie unbegrenzt sämtliche Agenturmeldungen. Das Bezahlangebot *SZPlus* enthält auch einen Tagespass für 1,99 Euro und ein digitales Monatsabonnement für knapp 30 Euro. Aus *Süddeutsche.de* wurde damit die vollständige *Süddeutsche Zeitung*. „Zielvorgabe bis Ende 2015 seien 50.000 Digi-

---

[103] Plöchinger, Stefan: Unsere neue Seite. Schöner, schlichter, besser, 02.01.2012, in: http://www.sueddeutsche.de/kolumne/unsere-neue-seite-schoener-schlichter-besser-1.1246740 (Zugriff am 31.08.2015).
[104] http://www.sueddeutsche.de/thema/Digitalblog (Zugriff am 31.08.2015).

tal-Abos; längerfristig würden 200.000 Abos angestrebt."[105] Das dauerhaft anvisierte Ziel entspricht annähernd der aktuellen verkauften Auflage der gedruckten Zeitung von 382.803 Exemplaren.[106] Im Juli 2015 konnte *Süddeutsche.de* 34.069.610 Visits zählen, 85 Prozent davon kamen aus Deutschland. Die PIs lagen bei 118.256.084 mit einem Inlands-Anteil von 86 Prozent.[107] Der Verlag setzt also zunehmend auf digitale Inhalte, grenzt sich jedoch von „Digital first"- bzw. „Online first"-Strategien, wie auch Springer sie betreibt, ab.

Darüber hinaus will der Münchner Verlag mit einer Umstrukturierung der Kommentare und Diskussionen auf *Süddeutsche.de* „direkter, konzentrierter, besser moderiert"[108] den Dialog mit ihren Lesern fördern. Zu diesem Zweck schaltete die Zeitung die Kommentarfunktion unter ihren Artikeln ab und verlagert die Debatten in eigens dafür eingerichtete Foren. Kritiker bemängelten, durch die vorgegebenen Diskussionsthemen würde die Qualität der Redebeiträge beeinträchtigt, *Süddeutsche.de* selbst sieht diese mit dem Novum als verbessert an.

Eine weitere Neuheit sind Sammlungen von langen Lesestücken, *Longreads* genannt, die zukünftig vierteljährig gebündelt erscheinen sollen. Dabei bediente sich das Medium einer Crowdfunding-Kampagne, um im Vorab einen Markttest durchzuführen. Über 200 Ausgaben konnten einen Monat nach dem Start der Kampagne bereits verkauft werden.[109]

Zugleich investiert der Verlag in seinen eigenen Shop (*Commerce*-Bereich), Angebote in Kooperation mit Partnern aus dem E-Commerce (*Context*-Bereich) sowie nach wie vor in klassische Anzeigen.

---

[105] Burgard-Arp, Nora: Paywall, Leser-Dialog und „Langstrecke": die Digitalstrategie der Süddeutschen Zeitung, 02.03.2015, in: http://meedia.de/2015/03/02/paywall-neuer-leserdialog-und-langstrecke-die-digitalstrategie-der-sueddeutschen-zeitung/ (Zugriff am 01.09.2015).

[106] Informationsgemeinschaft zur Feststellung der Verbreitung von Werbeträgern e.V. (IVW) (Hrsg.): Süddeutsche Zeitung (Mo-Sa). Quartalsauflage 02/15, 2015, in: http://www.ivw.eu/aw/print/qa/titel/1221 / (Zugriff am 01.09.2015). Seit dem zweiten Quartal 2012 sind auch die ePaper-Auflagen darin enthalten. Zum Vergleich: Im Jahr 2005 belief sich diese Auflage noch auf 444.4444 Exemplare, in: IVW: Süddeutsche Zeitung (Mo-Sa), a.a.O..

[107] IVW (Hrsg.): Süddeutsche.de., Zeitraum 07/15, 2015, in: http://ausweisung.ivw-online-ne.de/index.php?i=1161&mz_szm=201507&a=o22944&kat1=0&kat2=0&kat3=0&kat4=0&kat5=0&kat6=0&kat7=0&kat8=0&mz1=0&mz2=0&mz3=0&sid (Zugriff am 03.09.2015).

[108] Vgl. Wüllner, Daniel: Ihre SZ. Lassen Sie uns diskutieren, 21.01.2015, in: http://www.sueddeutsche.de/kolumne/ihre-sz-lassen-sie-uns-diskutieren-1.2095371 (Zugriff am 01.09.2015).

[109] Burgard-Arp: Paywall, neuer Leserdialog und „Langstrecke", a.a.O..

Über diese Ansätze hinaus will der SV im Zuge seiner Digitalstrategie die Zusammenarbeit zwischen Print- und Onlineredaktion stärken, indem er seit November einen gemeinsamen Newsroom aufbaut.

„Das Produkt-Markt-Konzept des Süddeutschen Verlags kombiniert (partiell) kostenpflichtigen Content mit überwiegend kostenlosem Context [...], Commerce sowie Werbung. Es wird also ein *multiples Erlösmodell* verfolgt."[110]

3.1.2 Axel Springer und seine digitale Strategie

Die Springersche Verlagsgründung begann mit dem Erwerb einer Druckerei durch Hinrich Springer, den Vater von Axel Springer, im Jahr 1909. Im Vergleich zur heutigen Strategie des Konzerns war die damalige noch stark auf den Zeitungsmarkt beschränkt. Im digitalen Zeitalter bilden die Qualitätsmedien (*Bild* und *Welt*) und der Journalismus an sich zwar das Kerngeschäft des Unternehmens, die Gesamtstrategie wurde jedoch um etliche Aspekte erweitert.

Mit der *Welt* ging Ende des Jahres 2012 die erste Tageszeitung in Deutschland mit einem Bezahlsystem online. Mit der *Bild* erhielt dann im Juni 2013 auch die erste deutsche Boulevardzeitung unter dem Namen *BildPlus* ein Paywall-System. Dieses beinhaltet, wie bei der *SZ*, ein Tagesangebot mit der aktuellen Ausgabe für 0,80 Euro sowie digitale Monatsabonnements, beispielsweise mit einem Beitrag von 10,80 Euro für 30 Tage. Eine Ausgabe der digitalen *Welt* kostet mit einem Betrag von 1,99 Euro ebenso viel wie der Tagespass der *SZ*, das Monatsabonnement aber nur 25,99 Euro und ist demnach vier Euro preiswerter als die Konkurrentin.

Bild.de konnte im Juli 2015 193.050.798 Visits verzeichnen, 87 Prozent davon aus Deutschland. Die PIs lagen bei ungefähr 1,5 Millionen, 88 Prozent davon aus dem Inland.[111] Im Vergleich dazu lag die verkaufte Auflage der *Bild* bei

---

[110] Sjurts: Strategien in der Medienbranche, S. 400. Anm.: Die Einordnung Sjurts ist aus dem Jahr 2005, trifft aber auf die heutige Strategie des SV noch immer zu.
[111] IVW (Hrsg.): Bild.de. Online, Zeitraum 07/2015, 2015, in: http://ausweisung.ivw-online.de/index.php?i=1161&a=o22821 (Zugriff am 03.09.2015). Für die Welt liegen keine Zahlen vor.

2.219.739 Exemplaren (zusammen mit *B.Z.* Deutschland)[112] und die der *Welt* bei 600.654 Exemplaren (mit *Welt am Sonntag* und Kompakt-Titeln)[113]. Insgesamt zählt der die Axel Springer SE[114] nach dem ersten Quartal 2015 320.000 Digital-Abonnenten, ca. 60.000 davon entfallen auf die *Welt*.[115]

Kai Diekmann, seit 2001 *Bild*-Chefredakteur und seit 2004 außerdem Gesamtherausgeber der *Bild*-Gruppe kehrte von seinem Aufenthalt im Silicon Valley mit der Worten des *Forbes*-Autors Lewis Dvorkin wieder:

> „Ein Reporter in der digitalen Zeit [...] trete direkt mit den Lesern in Kontakt, er lerne ein Vermarkter zu sein und spiele mit der Technik. Er verstehe die Geschäftsmodelle hinter seinem Beruf und beginne, wie ein Unternehmer zu denken."[116]

Ende 2013 kündigte Vorstandsvorsitzender Mathias Döpfner an, dass sich der Axel Springer Verlag (ASV) dem Ziel zuwenden werde, der führende digitale Verlag in seinen jeweiligen Marktsegmenten und Beteiligungsmärkten zu werden. Er bekräftigte damit Diekmanns Denkweise und Führungsstil. „Eine wichtige Voraussetzung für Wachstum sei das unternehmerische Denken und Handeln jedes einzelnen Mitarbeiters. Deshalb, so Döpfner, würden in der neuen Struktur Unternehmer im Unternehmen gefördert."[117] Der Schwerpunkt der Verlagsstrategie hat sich damit verlagert. Das Kerngeschäft ist noch immer unabhängiger Journalismus, so wird es auch in einem Grundsatzpapier zur Neuausrichtung formuliert:

---

[112] IVW (Hrsg.): BILD/B.Z. Deutschland Gesamt (Mo-Sa), Quartalsauflage 02/2015, 2015, in: http://www.ivw.eu/aw/print/qa/titel/7110 (Zugriff am 03.09.2015).

[113] IVW (Hrsg.): DIE WELT Gesamt (DIE WELT + WELT Kompakt) / WELT am SONNTAG Gesamt (WamS + WamS Kompakt) (Mo+Fr+So), Quartalsauflage 02/2015, 2015, in: http://www.ivw.eu/aw/print/qa/titel/8844 (Zugriff am 03.09.2015).

[114] SE = Societas Europeas, eine Europäische Aktiengesellschaft. Die seit 1970 bestehende AG wurde 2013 im Zuge ihrer internationalen Marktausrichtung in eine SE umgewandelt. Ein Jahr später kündigte der Konzern die Umwandlung in eine Kommanditgesellschaft auf Aktien (KGaA) an, die das Gesellschafterverhältnis neu anordnet.

[115] Sawall, Achim: Welt und Bild. Axel Springer hat 320.000 zahlende Digital-Abonnenten, 14.04.2015, in: http://www.golem.de/news/welt-und-bild-axel-springer-hat-320-000-zahlende-digital-abonnenten-1504-113493.html (Zugriff am 03.09.2015).

[116] Fromme, Claudia/Riehl, Katharina/Tieschky, Claudia: Springer und die Revolutionäre, 24.05.2013, in: http://www.sueddeutsche.de/medien/online-journalismus-springer-und-die-revolutionaere-1.1679572 (Zugriff am 03.09.2015).

[117] Axel Springer SE (Hrsg.): Axel Springer richtet sich konsequent als digitaler Verlag aus, 11.12.2013, in: http://www.axelspringer.de/presse/Axel-Springer-richtet-sich-konsequent-als-digitaler-Verlag-aus_19655813.html (Zugriff am 01.09.2015).

„Wir sind und bleiben ein Verlag, also ein Haus des Journalismus."[118] Diese erste Prämisse werde jedoch von den digitalen Investitionen und Kooperationen Springers derart beeinflusst, dass eine Neuanordnung der Unternehmenssegmente von Nöten gewesen sei, „die in unterschiedlicher Intensität auf Journalismus basieren oder vom Journalismus profitieren:

> 1. Bezahlangebote: Dies sind alle Geschäftsmodelle, die überwiegend durch zahlende Leser finanziert werden.
> 2. Vermarktungsangebote: Dies sind alle Geschäftsmodelle, die überwiegend durch zahlende Anzeigenkunden refinanziert werden.
> 3. Rubrikenangebote: Dies sind alle Geschäftsmodelle, die überwiegend durch zahlende Stellen-, Immobilien- oder Autoanzeigenkunden refinanziert werden."""[119]

In erster Linie verfolgt der Konzern eine „Digital First"- bzw. „Online First"-Strategie, die auch im internen Redaktionsmanagement Ausdruck findet: Neben dem modernen Vorzeige-Modell des *Welt*-Newsrooms [120] mit seinem 24/7-Journalismus, sind die zwei markantesten Beispiele die Zusammenlegung der Redaktionen der *B.Z.* und der Berliner Ausgabe der *Bild*-Zeitung sowie die Zusammenführung von *Welt* und N24. Nach Angaben des Verlags entstand mit der „digitalen Offensive"[121] im November 2013 die größte Regionalredaktion der deutschen Hauptstadt. Trotz der personellen und redaktionellen Synergien soll die journalistische Unabhängigkeit und Konkurrenzfähigkeit der beiden Titel gewährleistet bleiben. Mit dem Kauf des Nachrichtensenders N24 Ende 2013 und aktuellen Bestrebungen zur Neuaufstellung einer einheitlichen *Welt*-Marke als „das füh-

---

[118] Axel Springer SE (Hrsg.): Unsere „Homepage". Was wir sind und was wir wollen, 09.12.2013, in: http://www.axelspringer.de/downloads/21/16537145/Axel_Springer_Homepage_DE.pdf (Zugriff am 01.09.2015).
[119] Axel Springer SE (Hrsg.): Unsere „Homepage", a.a.O..
[120] „DIE WELT": Neuer Newsroom in der Ullsteinhalle, 06.12.2013, in: https://www.youtube.com/watch?v=F1-zrlJyokI (Zugriff am 03.09.2015).
[121] Krei, Alexander: Springer kündigt Veränderungen an. „Bild"-Berlin und" B.Z." mit gemeinsamer Redaktion, 24.07.2013, in: http://www.dwdl.de/nachrichten/41808/bildberlin_und_bz_mit_gemeinsamer_redaktion/ (Zugriff am 03.09.2015).

rende multimediale Nachrichtenunternehmen für Qualitätsjournalismus"[122], etablierte Springer ein weiteres strategisches Feld. Damit wurde der Sender zugleich Zulieferer für Bewegtbild-Content für alle Marken des Verlags. Wie bei der Zusammenlegung von *Bild* Berlin und *B.Z.* stehen auch hier die Optimierungen von Redaktion und Produktion des Verlags im Vordergrund. Damit verfolgt der Konzern eine Strategie, die bereits mit dem Start des Privatfernsehens in den 1970er Jahren begann, „eine Art Kannibalisierungsstrategie, indem er durch eigene Präsenz auch in den Substitutionsmedien die Werbeerlöse des neuen Mediums auf diese Weise zumindest partiell im eigenen Unternehmen hielt"[123]. So war Springer, damals noch als AG formiert, an dem Privatfernsehsender Sat.1 beteiligt. Zwar verkaufte er 2007 seine Anteile, ein Einfluss auf das Programm der ProSiebenSat.1 Media Group bleibt jedoch, weil N24 weiterhin deren Nachrichtensendungen sowie das Sat.1-Frühstücksfernsehen produziert.

Auch in der Führungsetage scheint sich seit der Döpfner-Diekmann-Ära eine Kontinuität eingestellt zu haben, auch wenn der Abtritt des Chefredakteurs Jan-Eric Peters zum Jahresende 2015 die Konsolidierung der *Welt*-Gruppe noch einmal aufmischen könnte. Peters wird in Zukunft als Chief Product Officer (CPO) für *Upday*, ein mobiles News-Angebot exklusiv für Samsung, verantwortlich sein. Neben kritischen Stimmen zur Personalie, wird das Projekt selbst als revolutionär eingestuft: „*Upday* ist für Axel Springer das vielleicht wichtigste neue Medienprojekt seit der Bild-Zeitung."[124] Mit der *Upday*-App können Samsung-Nutzer die Inhalte verschiedenster, auch internationaler Medien personalisieren, ähnlich eines Spotify für Nachrichten, das auch Christoph Keese als ein Zukunftsmodell einstuft (s. Interviewtranskript auf CD).

Neben diesen digital-journalistischen Ansätzen investiert Axel Springer seit mehreren Jahren in Joint Ventures, Lizenzen und Beteiligungen an digitalen Start-Ups,

---

[122] Mantel, Uwe: Überraschender Deal in Berlin. Zusammenführung mit der „Welt": Springer kauft N24, 09.12.2013, in: http://www.dwdl.de/nachrichten/43830/zusammenfuehrung_mit_der_welt_springer_kauft_n24/ (Zugriff am 03.09.2015).
[123] Sjurts: Strategien in der Medienbranche, S. 77.
[124] Winterbauer, Stefan: Wichtigstes Projekt seit der Bild-Zeitung: Was Upday für Axel Springer bedeutet, 03.09.2015, in: http://meedia.de/2015/09/03/wichtigstes-projekt-seit-der-bild-zeitung-was-upday-fuer-axel-springer-bedeutet/ (Zugriff am 04.09.2015).

vor allem aus dem E-Commerce-Bereich wie *kaufDa*, *idealo*, *Immonet* oder *StepStone*, und hat außerdem ein eigenes Accelerator-Programm für junge Unternehmer gegründet, die *Axel Springer Plug and Play Accelerator GmbH.*[125] Ferner erweiterte der Verlag sein digitales Shop-Angebot und konzentriert sich neben einem Lesershop für Abonnenten auf den BILD Shop, der neben Merchandising-Produkten auch markenfremde Artikel vertreibt.

„Im Ergebnis ist das Produkt-Markt-Konzept des ASV im Internet differenziert zu sehen. Bei der Qualitätszeitung die Welt werden partiell kostenpflichtiger Content, kostenfreier Context [...] und Werbung zu einem multiplen Erlösmodell verbunden."[126]

Bei *Bild* wurde dagegen mit *BildPlus* das von Sjurts 2005 analysierte duale Erlösmodell in ein multiples Erlösmodell transferiert.

3.2 Das Crowdfunding-Prinzip – Zur Notwendigkeit einer neuen Finanzierung von Journalismus

Wie in dieser Studie bereits mehrfach erfasst, teilt die Mehrheit der Medienexperten und Branchenvertreter die Meinung, dass für erfolgreichen Journalismus im Netz der eine, bestimmte Königsweg (noch) eine Utopie darstellt. Nicht nur die traditionsreichen deutschen Verlage machen sich eine Vielzahl neuer Erlösmodelle zunutze, auch journalistische Start-Ups wie *Krautreporter* haben in der öffentlichen Wahrnehmung durch ihre Gründungsgeschichte und ihr Geschäftsmodell Aufsehen erregt. „Gesetzt den Fall, die 'Krautreporter' [...] funktionieren auf mittelfristige Sicht, dann wäre zumindest der Beweis erbracht, dass es eben doch funktionierende Geschäftsmodelle für Journalismus im Netz gibt."[127]

Verbunden sind die neuen Magazine, Rechercheburos und Plattformen dadurch, dass kein großer Verlag dahintersteht, der die klassischen Ressourcen zur Distri-

---

[125] Axel Springer SE (Hrsg.): Unternehmen. Axel Springer Plug and Play Accelerator, 2015, in: https://www.axelspringer.de/artikel/Axel-Springer-Plug-and-Play-Accelerator_21224965.html (Zugriff am 03.09.2015).
[126] Sjurts: Strategien in der Medienbranche, S. 399.
[127] Jakubetz: Hoffnungsschimmer und Trümmer, a.a.O..

bution des Produktes bereithält. Vielen Jungunternehmern aus dem Printbereich produzieren fotolastige Magazine, wobei der Inhalt häufig in den Hintergrund zu rücken scheint. „Die schön aussehenden Magazine verkaufen sich oft besser als die textlastigen Magazine, es gibt also einen Markt dafür und der bedeutet den Leuten was."[128] Textlastige Produkte sind seltener, dafür aber offenbar langfristig erfolgreicher: Das Gesellschaftsmagazin *Dummy* wurde 2003 gegründet und das Schweizer Magazin *Reportagen* besteht bereits seit 2011 auf dem Markt. Gemeinsam ist den Printmagazinen, dass sie Defizite der Konkurrenz in den Bereichen Layout und gedruckte Longreads nutzen und daraus einen eigenen USP entwickeln.

Die Situation im Onlinebereich gestaltet sich ein wenig anders: Sie kontern den Strukturwandel in der Branche vor allem mit dem Argument der Unabhängigkeit, einem „Journalismus für alle"[129] und experimentieren mit Rechercheformen und journalistischen Formaten, indem sie ihre Leser stärker einbeziehen als die traditionsreiche Konkurrenz. Das geschieht vor allem durch Crowdfunding und Crowdsourcing. Zum Zwecke der dieser Studie zugrundeliegenden Frage nach neuen Geschäftsmodellen im Online-Journalismus und ihrer Finanzierbarkeit, ist insbesondere das Crowdfunding-Prinzip erwähnenswert. Zumal eine breite Öffentlichkeit erst durch die Crowdfunding-Kampagnen von *Krautreporter* und *Correct!V* auf die Projekte aufmerksam wurde.

Crowdfunding ist ein Begriff des Social Web, der sich aus den Wörtern *crowd* für (Menschen-)Menge und *funding* für Finanzierung zusammensetzt, im deutschsprachigen Raum gelegentlich auch als *Schwarmfinanzierung* verwendet. Er bezeichnet eine Form der Finanzausstattung, bei der eine Vielzahl von Personen als Kapitalgeber für ein Projekt, Unternehmen, ein Produkt oder eine Idee dienen.

Die größte internationale Crowdfunding-Plattform ist *Kickstarter.com*, im deutschsprachigen Raum ist die Community *Startnext.de* vorherrschend, die aber

---

[128] Bröckerhoff, Daniel: Mutig und kreativ: Independent-Magazine, 17.09.2015, in: http://www.ndr.de/fernsehen/sendungen/zapp/Mutig-und-kreativ-Independent-Magazine,magazine100.html (Zugriff am 04.09.2015).
[129] Krautreporter (Hrsg.): Über uns, 2014, in: https://krautreporter.de/pages/ueber_uns (Zugriff am 04.09.2015).

auch internationale Kampagnen leitet[130]. „Im Jahr 2012 belief sich das Volumen des auf den deutschen Crowdfunding-Plattformen vermittelten Kapitals auf knapp 2 Millionen Euro, was einer Vervierfachung im Vergleich zu 2011 entspricht."[131] Fast 500 Projekte wurden dabei erfolgreich verwirklicht, mehr als die Hälfte davon über Startnext.

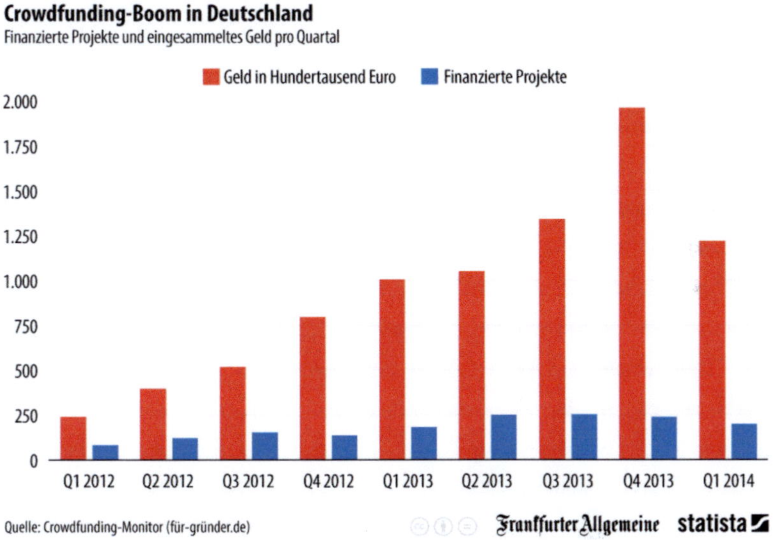

Crowdfunding-Boom in Deutschland
Finanzierte Projekte und eingesammeltes Geld pro Quartal

[Balkendiagramm: Geld in Hundertausend Euro (rot) und Finanzierte Projekte (blau) von Q1 2012 bis Q1 2014]

Quelle: Crowdfunding-Monitor (für-gründer.de) — Frankfurter Allgemeine statista

Abbildung 3: Crowdfunding-Boom in Deutschland 2012-2014 nach Statista

Die Financiers von Crowdfunding-Kampagnen erhalten als Dankeschön für die Spenden eine materielle oder finanzielle Gegenleistung; bei *Krautreporter* etwa einen Mitglieder-Status mit Premium-Angeboten und weiteren Services, bei den Gründerinnen von *Eat Write Live*[132], einem Unternehmen, das per Crowdfunding seine gedruckten Reiseführer vorfinanziert, ist es ein Exemplar des neuesten Werkes sowie eine Erwähnung als Sponsor. In der Tat ist diese Form von Leistung zu

---

[130] Eine Übersicht zu deutschen und internationalen Crowdfunding-Plattformen in: Crowdfunding.de (Hrsg.): Crowdfunding Plattformen, 2015, in: http://www.crowdfunding.de/plattformen/ (Zugriff am 04.09.2015).
[131] Im Vergleich: In den USA wurden rund 1,6 Millionen Euro eingesammelt, weltweit waren es 2,7 Milliarden. In: Statistiken zum Thema Crowdfunding, hrsg. von Statista, in: de.statista.com/themen/1531/crowdfunding/ (Zugriff am 04.09.2015).
[132] http://eatwritelive.com/ (Zugriff am 04.09.2015).

Gegenleistung die klassische Form des Crowdfundings. Daneben gibt es noch das spendenfinanzierte Modell, das ohne Gegenleistung funktioniert, das *Crowdinvesting*, bei dem die Unterstützer gewinnbringende Anteile am Projekt oder Unternehmen erwerben können, sowie das *Crowdlending*, einem P2P (Privat zu Privat)-Modell, bei dem sich die Projektinitiatoren das Kapital von der Crowd nur leihen.[133]

Vom Crowdfunding leitet sich das Crowdsourcing ab und definiert eine Verbindung der *crowd* mit dem Wort *outsourcing*, der Auslagerung von Dienstleistungen. Gemeint ist also die Einbeziehung des Konsumenten in die Entwicklung eines Produkts. Der Begriff hängt eng mit der Entwicklung des Journalismus zu einem Gemeinschaftserlebnis zusammen: „Die Nutzer entwickeln mehr und mehr das Bedürfnis und den Anspruch, gesehen, gehört und eingebunden zu werden."[134] *Krautreporter* etwa kooperiert eng mit seinen Mitgliedern, indem die Redaktion aus diesem Pool Recherchegruppen für bestimmte Themen zusammenstellt. Dass Journalisten im Zuge ihrer Arbeit Menschen kontaktieren, die sich als Experten zu einem Thema ausweisen können oder in einer anderen Art und Weise zu einem Thema beitragen können, ist in dem Beruf prinzipiell nichts Neues. Als innovativ zu bezeichnen sind allerdings die Wege und Mittel, mit denen Journalisten heutzutage nicht nur ihre Kontakte nutzen, sondern auch ihre Leserschaft selbst zur Recherche hinzuziehen.

> „Journalisten bekommen also Informationen von spezialisierten Nutzern aus der berieten Masse, das ist doch fantastisch! Natürlich entspricht das dem ganz klassischen Vorgehen bei einer konventionellen Recherche, aber der ganze Prozess wurde durch das Internet um ein Vielfaches leichter und effizienter."[135]

Der Dienst am Publikum ist, wie sich in den bisherigen Kapiteln gezeigt hat, eine Konsequenz aus dem digitalen Medienwandel, der Geschäftsmodelle wie Crowdfunding geradezu herausfordert. Außerdem beweisen Daten wie in der obigen

---

[133] Vgl. Crowdfunding.de (Hrsg.): Was ist Crowdfunding? Definition & Erklärung, in: http://www.crowdfunding.de/was-ist-crowdfunding/ (Zugriff am 04.09.2015).
[134] Simons: Journalismus 2.0, S. 156.
[135] Aus einem Interview mit Stephen B. Shepard, ehemaliger Chefredakteur der *Business Week*, in: Weichert/Kramp/von Streit: Digitale Mediapolis, S. 159.

Abbildung und die journalistischen Projekte selbst, dass es sich mit dem Crowdfunding und Crowdsourcing um einen Trend handelt, der als alternatives Erlösmodell im Online-Journalismus funktionieren kann. Möglicherweise handelt es sich dabei um ein *disruptives* Phänomen, mit dem bestehende Branchenstrukturen vom unteren Ende des Marktes aus angegriffen und in Zukunft sogar ersetzt werden können.

3.3 Das Projekt *Krautreporter* – Journalismus für alle
3.3.1 Das Vorbild *De Correspondent*

Das Geschäftsmodell von *Krautreporter* wird vielerorts als innovativ bewertet. Dieses Urteil mag für den deutschsprachigen Raum Gültigkeit besitzen, der journalistisch-ethische Ansatz allerdings basiert auf einer erfolgreich betriebenen Plattform aus den Niederlanden, *De Correspondent*[136]. Der Erfolg dieses Projekts wurde vor allem an der Tatsache bemessen, dass nach einer Woche – statt nach den 30 angesetzten Tagen – mit dem Abschluss von 15.000 Jahresabonnements 1 Million Euro über Crowdfunding eingesammelt wurden. Die Mitgliederanzahl und ihr Jahresbeitrag von je 60 Euro pro Abo waren nötig, um das Online-Magazin ein Jahr lang vorfinanzieren zu können, bevor es die Website überhaupt gab.

Gründer war der 30-jährige Journalist und ehemaliger Chefredakteur von *NRC Next*, der Ausgabe eines niederländischen Wirtschaftsmagazins, Rob Wijnberg, der versprach, „*De Correspondent* werde mit seinen profunden Analysen, Recherchen und Hintergrundartikeln ein Ruhepunkt jenseits der medialen Dauerkanonade sein"[137.] Die Plattform sei für eine Leser- bzw. Mitgliederschaft gedacht, die nicht nur wissen wolle, was in der Welt passiert, sondern auch, warum es passiert. Fünf Geschichten pro Tag wollte die Redaktion entwickeln und produzieren. Würde man ein mediales Schlagwort für das Modell finden wollen, wäre es wohl

---

[136] https://decorrespondent.nl/en (Zugriff am 04.09.2015).
[137] Derkzen, Sophie: Die Leser bezahlen ihre eigenen Korrespondenten, 16.04.2013, in: http://www.zeit.de/kultur/2013-04/online-magazin-de-correspondent (Zugriff am 04.09.2015).

Entschleunigungsjournalismus. Der Niederländer nahm sich wiederum einen US-amerikanischen Blog zum Vorbild: *The Dish* finanziert sich seit seinem Start im Januar 2013 ausschließlich über seine Leser und lehnt jegliche Art der Werbung ab.

Mit seiner Idee konnte Wijnberg auch einige renommierte niederländische Journalisten für sich gewinnen, die als Autoren fungieren. „Die Persönlichkeiten werden immer wichtiger, in der Politik, aber auch im Journalismus."[138] Die Autoren sind beim *Correspondent* so etwas wie die Steuermänner hinter der Galionsfigur Wijnberg. Das Redaktionsteam kann und soll seine Recherchewege mit den Lesern teilen und diese bei der Themensuche involvieren: „Ich glaube nicht an objektive Nachrichten. Journalismus ist immer *work in progress*. Man versucht die Welt zu verstehen, und unterwegs berichtet ein Journalist von seinem eigenen, subjektiven Suchlauf."[139] Einmal pro Monat organisiert deshalb einer der Redakteure den sogenannten „Korrespondenten-Abend", bei dem sich Redaktion und Mitglieder austauschen und über ein ausgewähltes Thema diskutieren.

Im September 2013 ging das Magazin online. Bereits im Frühjahr 2014, ungefähr ein Jahr nach dem Start der Crowdfunding-Kampagne, hatte sich die Zahl der Abonnements mit einer Anzahl von 29.000 fast verdoppelt und jeden Tag kamen 50 bis 60 neue Mitglieder hinzu.[140] Eine deutsche Version von *De Correspondent* wurde zu dieser Zeit bereits angedacht und schließlich ein halbes Jahr später mit *Krautreporter* realisiert. Branchenintern und -extern wurde das niederländische Vorbild danach beurteilt, inwieweit es sein anfängliches Versprechen werde halten können, mit profunden Texten einen unabhängigen und qualitativ hochwertigen Journalismus zu liefern, der sich durch die Unterstützung seiner Mitglieder selbst dauerhaft finanzieren kann. Nach der anfänglichen Euphorie wanderten viele Leser des *Correspondent* als Unterstützer jedoch ab.

---

[138] Tutmann, Linda: Die besten Geschichten, jeden Tag!, 09.03.2014, in: http://www.zeit.de/2014/10/correspondent-wijnberg-digitales-magazin (Zugriff am 05.09.2015).
[139] Derkzen: Die Leser bezahlen ihre eigenen Korrespondenten, a.a.O. (Zugriff am 04.09.2015).
[140] Tutmann: Die besten Geschichten, jeden Tag!, a.a.O..

3.3.2 Das Geschäftsmodell – Von der Crowd zur Genossenschaft

Am 13. Mai 2014, gerade anderthalb Jahre, nachdem *De Correspondent* erfolgreich gegründet wurde, startete das deutsche Pendant *Krautreporter* mit seiner Crowdfunding-Kampagne. Bis zu diesem Zeitpunkt war die Seite *krautreporter.de* eine Crowdfunding-Plattform für journalistische Ideen und Projekte gewesen, die sich vor allem an freie Journalisten richtete, die ihre Geschichten so vorfinanzieren und publizieren konnten. Die Weiterentwicklung zu einem selbstständigen Magazin erschien schon damals plausibel, denn „da die gesponserten Geschichten ja hier publiziert werden, wird sich die Seite vielleicht selbst zu einem Magazin für hochklassigen Journalismus entwickeln."[141]
Sebastian Esser, Journalist und bis 2012 Chefredakteur des Medienmagazins *V.i.S.d.P.*, war einer der Gründer dieser ursprünglichen Plattform und tat sich schließlich mit Alexander von Streit und Philipp Schwörbel zusammen, um mit *krautreporter.de* in ein eigenes, unabhängiges Online-Magazin zu transformieren, mit Recherchen, Reportagen, Porträts und Erklärstücken. „Über Themen, mit denen wir uns auskennen. Mit der Zeit, die nötig ist, um eine Geschichte zu erzählen. Und den Hintergründen, um zu verstehen, was auf der Welt passiert."[142]
Schwörbel hat langjährige Erfahrungen im TV-Produktionsbereich vorzuweisen und war in der politischen Kommunikation tätig. Bei *Krautreporter* teilt er sich mit Esser die Position des Geschäftsführers. Von Streit hat sich als klassischer Journalist einen Namen gemacht und war unter anderem Chefredakteur des Technikmagazins *Wired* Deutschland und des Medienmagazins *Cover*. Außerdem fand er als Autor von „Digitale Mediapolis" in dieser Arbeit Erwähnung. Um die Trennung von Management und Redaktion bei *Krautreporter* zu gewährleisten, ist von Streit in seiner Funktion als Chefredakteur nicht Teil der Geschäftsführung.

Unter dem Motto „Gemeinsam sind wir *Krautreporter*" starteten die drei erfahrenen Medienmacher ihre eigene Crowdfunding-Kampagne. Ihr Magazin sollte über

---

[141] Graff, Bernd: Alles oder nichts, 29.01.2013, in: http://www.sueddeutsche.de/medien/crowdfunding-website-krautreporterde-alles-oder-nichts-1.1585632 (Zugriff am 05.09.2015).
[142] Krautreporter (Hrsg.): Über uns, a.a.O..

die Nutzerbeteiligung 2.0 hinausgehen, also mit ihrer Community nicht nur interagieren, sondern sie in die Produktionsprozesse von Artikeln aktiv miteinbeziehen. So crowdsourcen sie etwa Interviewfragen und Recherche- und Kontaktideen. Doch nur die zahlenden Mitglieder können bestimmte Dienstleistungen nutzen, wie Workshops und ausgewählte Redaktionsmeetings.

Wie das niederländische Vorbild erhielten die Gründer durch die Kampagne weit mehr als die 15.000 für das Gründungsjahr benötigten Abonnements (und damit benötigten 900.000 Euro): Am 7. Juli 2014, dem Stichtag der einmonatigen Kampagne, zählte *Krautreporter* 17.585 Mitglieder, die zusammen einen Betrag von 1.000.611, 60 Euro spendeten. Abzüglich der Umsatzsteuer blieb ihnen ein Gesamtbudget von 840.000 Euro, wovon ein Großteil direkt in den Journalismus und damit Redaktion und Autoren floss, der Rest vor allem in Infrastruktur und Software. Die Kampagne lief auf keiner der bekannten Plattformen, da die Gründer eine eigene Software nutzten.

Aber nicht für jede Mitgliedschaft berechneten sie exakt 60 Euro. Zum einen reduzierte sich mit dem Erwerb von zehn Mitgliedschaften der zu entrichtende Gesamtbetrag auf 550 Euro, zum anderen konnten einige Mitgliedsbeiträge nicht eingezogen werden oder wurden wieder zurückgezogen. Darüber hinaus listen die *Krautreporter* auch Großunterstützer, ergo Unternehmen, Organisationen und Privatpersonen mit jeweiligen Spenden von mehr als 1.000 Euro. So stiftete etwa die Rudolf-Augstein-Stiftung kurz vor dem Ende der Kampagne 50.000 Euro. Staatliche und sonstige Förderungen werden ebenfalls transparent gemacht: Der „Design Transfer Bonus" des Landes Berlin spendete 15.000 Euro, die meisten Schriften der Website stellte das Unternehmen „Fontshop" zur Verfügung.

Am 24. Oktober 2014 beendete *Krautreporter* die Beta-Phase und ging schließlich online. Die Geschäftsführer Esser und Schwörbel setzten von Beginn an auf renommierte Autorennamen, von denen zum Start der Kampagne 28 für das Projekt gewinnen konnte, darunter der Stefan Niggemeier, jetziger Chefredakteur der *zitty*, Stefan Tillmann, sowie der Sportreporter Jens Weinreich. Darüber hinaus sind die *Krautreporter* offen für Kooperationen: Unter den Stücken sind bereits etablierte Formate wie Tilo Jungs Interviewreihe „Jung und Naiv" und Christoph

Kochs „Medienmenüs", außerdem tauschen sich die Gesellschafter redaktionell mit anderen Plattform wie *Weeklys*, dem Webradio *detektor.fm* und dem Magazin *Reportagen* aus. Niggemeier verglich das *Krautreporter*-Geschäftsmodell einmal mit Fernsehserien: Die meisten deutschen Fernsehserien seien allein für den Massengeschmack konzipiert und deshalb qualitativ schlecht im Vergleich zu amerikanischen Serien wie „True Detective" des Senders HBO, der sich ausschließlich über Abonnements finanziert. Das gleiche Prinzip gelte für Online-Medien, deren Existenz von Werbung und Klickzahlen abhängt, und *Krautreporter*, mit seinem Anspruch an einen unabhängigen, qualitativ hochwertigen Journalismus für seine Mitglieder.

> „Okay, wenn ich jetzt als nächstes sagen würde, dass wir das „True Detective" des deutschen Online-Journalismus machen wollen, wäre das nicht nur anmaßend und größenwahnsinnig, sondern auch bekloppt. Was wir aber machen wollen: die Logik der Finanzierung von Online-Journalismus ändern."[143]

Über die in Deutschland neuartige Finanzierungsmethode hinaus basiert das Geschäftsmodell auf journalistisch-ethischen Grundsätzen wie dem „Code of Fairness" der „Freischreiber", dem Berufsverband freier Journalisten und Journalistinnen, den *Krautreporter* als erste Redaktion überhaupt in allen Punkten akzeptierte und unterzeichnete.[144] Daneben verpflichten sich die Autoren den „Publizistischen Grundsätzen des Deutschen Presserats"[145] (Pressekodex).

Diesen klassischen journalistisch-ethischen Normen fügen die *Krautreporter* weitere hinzu. Die für ihren USP schon seit der Gründungsphase wichtigen Grundsätze haben sie als eine Art *Mission Statement* folgendermaßen formuliert:

    1. Gemeinsam sind wir Krautreporter.

    2. Täglich die Geschichten hinter den Nachrichten.

    3. Keine Werbung.

---

[143] Niggemeier, Stefan: Was „Krautreporter" mit „True Detective" zu tun hat, 13.05.2014, in: http://www.stefan-niggemeier.de/blog/17931/was-krautreporter-mit-truedetective-zu-tun-hat/ (Zugriff am 05.09.2015).

[144] Freischreiber (Hrsg.): Pressemitteilung. Krautreporter unterschreiben Code of Fairness, in: https://www.freischreiber.de/aktuelle/pressemitteilung-krautreporter-unterschreiben-code-of-fairness/ (Zugriff am 07.09.2015). Mehr zum „Code of Fairness" in: http://www.freischreiber.de/positionen/code-of-fairness/, a.a.O.. (Zugriff am 07.09.2015).

[145] Deutscher Presserat (Hrsg.): Der Pressekodex, 2015, in: http://www.presserat.de/pressekodex/pressekodex/ (Zugriff am 07.09.2015).

4. Aus erster Hand.
5. Autoren mit Haltung.
6. Grenzenlose Neugier.
7. Transparenz.
8. Gemacht für das Internet.
9. Persönlich.
10. Ein journalistisches Experiment.[146]

Nach der erfolgreichen Kampagne und der damit verbundenen Euphorie, folgte die Frage, was von dem neuen Magazin und seinem Versprechen „Gemeinsam sind wir Krautreporter" tatsächlich zu erwarten sei. Nach hoffnungsfrohen Artikeln mit Titeln wie „Die Kraut, die sich traut"[147] und „Wahnsinn – und jetzt ihr"[148], in Anlehnung an die den Gründern eigene Begeisterung, vermehrten sich auch die Bedenken zum Fortbestand des Geschäftsmodells:

> „Jeder kann Artikel lesen, verlinken und verschicken, aber kommentieren, mitdiskutieren und an Krautreporter-Veranstaltungen wie einem Blogger-Workshop mit Richard Gutjahr teilnehmen, können nur Mitglieder. Die Paywall ist also vor der Community hochgezogen."[149]

Im Juni 2015, ein Jahr nach der geglückten Crowdfunding-Kampagne hatte das Magazin mehr als 18.000 zahlende Abonnenten gewinnen können.[150] Nach eigenen Angaben sind etwa 50 von 500 Beiträgen durch Unterstützung der Mitglieder entstanden.[151] Auf welche Weise dies verhältnismäßig geschah, wird nicht erwähnt. Außerdem würden sich die *Krautreporter*-Mitglieder nicht anders bzw.

---

[146] Krautreporter (Hrsg.): Über uns, a.a.O..
[147] Biermann, Kai/Ströbele, Carolin: Die Kraut, die sich traut, 13.06.2014, in; http://www.zeit.de/kultur/2014-06/krautreporter-journalismus-selbstkritik (Zugriff am 07.09.2015).
[148] Hardt, Maria-Xenia: Projekt „Krautreporter" kann starten. Wahnsinn – und jetzt ihr, 13.06.2014, in: http://www.faz.net/aktuell/feuilleton/projekt-krautreporter-kann-starten-wahnsinn-und-jetzt-ihr-12988596.html (Zugriff am 07.09.2015).
[149] Denk, David: Was ihr wollt, 22.10.2014, in: http://www.sueddeutsche.de/medien/online-magazin-krautreporter-was-ihr-wollt-1.2184232 (Zugriff am 07.09.2015).
[150] Futurezone/dpa: Krautreporter haben 18.000 Mitglieder, 09.06.2015, in: http://futurezone.at/digital-life/krautreporter-haben-18-000-mitglieder/135.112.147 (Zugriff am 07.09.2015).
[151] Esser, Sebastian: Bleibst du Krautreporter?, 20.06.2015, in: https://krautreporter.de/767--bleibst-du-krautreporter (Zugriff am 09.09.2015).

nicht aktiver Verhalten als andernorts im Netz: 90 Prozent interessieren sich nicht für die Kommentare, neun Prozent lesen sie, aber nur ein Prozent beteiligt sich aktiv an Diskussionen. Die kritischen Stimmen waren in der Überzahl: Mit Titeln wie „Krautreporter – eine Marke wie Kraut und Rüben"[152] und „Ernüchterungs-Zelle"[153] kritisieren seitdem Experten, insbesondere aus der Blogger- und Gründerszene, die Profillosigkeit der Website. Auch die Gründer relativieren die anfänglichen Erwartungen zunehmend: „Das Online-Magazin sei keine Blaupause für das künftige Geschäftsmodell des Journalismus. ‚Wir sind nur ein Teil im Puzzle', sagt Chefredakteur von Streit."[154] Den Nutzungsdaten zufolge kämen die Mitglieder außerdem nur einmal pro Woche auf die Website.[155]

Die Redaktion feierte den ersten Geburtstag ihres Magazins gemeinsam mit Mitgliedern und Unterstützern und lud diese in die Büroräume und den Biergarten zum Dialog ein. Für sie galt es, entgegen der Kritik, das Gemeinschaftserlebnis und ihre Werte der Transparenz und der Nahbarkeit zu stärken. Neu sind hingegen die unternehmensrechtlichen Bestrebungen der *Krautreporter*: Bisher wurde das Projekt von der Krautreporter GmbH mit Sitz in Berlin getragen, mit Esser, Schwörbel und von Streit als Gesellschafter zu gleichen Teilen. Im Gesellschaftervertrag war jedoch bereits festgehalten, „dass Krautreporter in absehbarer Zeit in eine Genossenschaft überführt wird. So ermöglichen wir den Autorinnen und Autoren und den Mitgliedern, sich am Unternehmen zu beteiligen."[156] Damit setzen die Gründer mit dem Crowdfunding-Modell neue Akzente. Andere Projekte wie *Crowdspondent* oder das Magazin *Substanz* haben das Potenzial ihrer Leserschaft mittlerweile ebenfalls erkannt, nutzen es bisher jedoch nur zur Finanzierung einzelner Geschichten.[157] Die Genossenschaftsidee ist den *Krautreportern* als Start-Up bisher eigen. Sie treibt das Gemeinschaftserlebnis Journalismus auf

---

[152] Martschenko, Maren: Krautreporter – eine Marke wie Kraut und Rüben, 26.06.2015, in: http://zehnbar.de/blog/2015/06/krautreporter-eine-marke-wie-kraut-und-rueben/ (Zugriff am 07.09.2015).
[153] Jakubetz, Christian: Ernüchterungs-Zelle, 17.06.2015, in: http://www.blog-cj.de/blog/2015/06/17/krautreporter-in-der-ernuechterungs-zelle/ (Zugriff am 07.09.2015).
[154] Futurezone/dpa: Krautreporter haben 18.000 Mitglieder, a.a.O. (Zugriff am 07.09.2015).
[155] Esser, Sebastian: Bleibst du Krautreporter? (Zugriff am 09.09.2015).
[156] Krautreporter (Hrsg.): Über uns, a.a.O..
[157] Eine Vorstellung der bekanntesten Projekte von Burgard-Arp, Nora: Der Journalismus und die Crowd: Die 8 spannendsten Projekte, 05.08.2014, in: http://meedia.de/2014/08/05/der-journalismus-und-die-crowd-die-8-spannendsten-projekte/ (Zugriff am 07.09.2015).

die Spitze, indem die Leser vom Status als Mitglieder und Financiers zu Mitherausgebern und Eigentümern des von ihnen ermöglichten Produkts werden. Das laufende Geschäft sowie Vermögen der GmbH werden dabei in die Genossenschaft übertragen, die Umwandlung hat bereits stattgefunden.

Die potenziellen Genossen können dabei insgesamt fünf Geschäftsanteile mit einem Gesamtbetrag von 250 Euro erwerben und einlegen. Derzeit läuft eine Kampagne, die zu der Einlage aufruft, die insbesondere an Leser gerichtet ist, die bereits Mitglieder sind. Für den Erfolg des Projekts selbst gilt es zunächst, genügend Mitglieder zu überzeugen, Mitglied zu bleiben. Die Abonnements enden im Oktober und können über die Website erneuert werden. Mindestens 6000 Mitglieder sind nötig, um die Finanzierung für das zweite Jahr zu sichern.[158]

Zum Magazin kommt dann künftig die internationale journalistische Crowdfunding-Plattform *WriteThatDown* hinzu, die einen Teil der Expansionspläne des Unternehmens ausmacht. Esser kehrt damit auch ein Stück weit zu den Ursprüngen von *Krautreporter* als Crowdfunding-Plattform für journalistische Projekte zurück. Laut Wirtschaftsplan seien außerdem Investitionen in Höhe von 80.000 Euro für Software- und Geschäftsentwicklung notwendig, sowie allein 220.000 Euro für Redaktion und Autoren.[159] Ab dem dritten Geschäftsjahr soll die Genossenschaft und damit das Unternehmen erstmalig kostendeckend arbeiten können.

Allgemein verfolgt *Krautreporter* als Unternehmen ein multiples Produkt-Markt-Konzept, das beschränkt auf zwei Geschäftszweige ist: Fehlende Werbeerlöse und fehlende Einnahmen im Commerce- und Context-Bereich werden einerseits mit partiell, das heißt durch die Beiträge der Mitglieder finanzierten, und dadurch gewissermaßen kostenpflichtigem Content, gegenfinanziert. Andererseits sollen die Genossenschaftsanteile Kapital einbringen, das für Investitionskosten und Fixkosten wie Redaktion und Autoren weiterhin benötigt wird.

---

[158] Weber, Silke: „Wir brauchen 6000 Mitglieder, um weitermachen zu können", in: journalist, Nr. 6 (2015), in: http://www.journalist.de/aktuelles/meldungen/krautreporter-wir-brauchen-6000-mitglieder-um-weitermachen-zu-koennen.html (Zugriff am 09.09.2015).
[159] Krautreporter (Hrsg.): Gemeinsam unabhängigen Journalismus ermöglichen. Wir gründen eine Genossenschaft, 2015, in: http://genossenschaft.krautreporter.de/ (Zugriff am 07.09.2015). Weitere Investitionsplanungen in: http://genossenschaft.krautreporter.de/finanzen (Zugriff am 07.09.2015).

Insofern muss der Slogan „Journalismus für alle" anders gedacht werden: Mit „allen" ist nicht die breite Masse gemeint, sondern die Leser bzw. Mitglieder. „In einer Mitgliederbefragung hätten sich 80 Prozent von 5000 Teilnehmern gewünscht, 'dass Krautreporter eine Alternative zu etablierten Medien ist', sagt Esser, also auch inhaltlich etwas anderes bietet. Die Aufgabe, die nun vor Esser und seinem Team liegt, ist es herauszufinden, was genau die Mitglieder von Krautreporter darunter verstehen."[160]

Mitte September haben die Krautreporter *weitere Änderungen für das zweite Jahr angekündigt, detailliertere Informationen dazu sollen, laut Esser und Schwörbel, im Oktober folgen. Die Pläne der Geschäftsführer finden in dieser Studie deshalb im Fazit (s. Kapitel 5), als Ausblick auf die zukünftige Entwicklung des Unternehmens, Erwähnung.*

4 Die „Methode *Krautreporter*" – eine Konkurrenzanalyse im digitalen Umfeld

4.1 Die Erfolgsfaktoren von *Krautreporter* – eine SWOT-Analyse

Nachdem das Geschäftsmodell von *Krautreporter* beschrieben wurde, soll im Folgenden eine SWOT-Analyse die System-Umwelt-Beziehung des Unternehmens beleuchten. Anhand seiner Stärken und Schwächen, Chancen und Risiken sollen Erfolgsfaktoren des Modells identifiziert und anschließend auf den etablierten journalistischen Online-Markt, insbesondere auf Medien des Axel Springer Verlags und *Süddeutsche.de*, übertragen werden.

Die SWOT-Analyse basiert in dieser Arbeit auf einem Modell von Prof. Dr. Waldemar Pelz, der am Institut für Management-Innovation der Technischen Hochschule Mittelhessen (THM) auf dem Gebiet Internationales Management und Marketing forscht und lehrt. In seiner Publikation „Strategisches und Operatives

---

[160] Denk: Was ihr wollt, a.a.O..

Marketing. Ein Leitfaden zur Erstellung eines professionellen Marketing-Plans"[161] beschreibt er anhand von Begriffsgeschichte und Beispielen die Erstellung einer SWOT-Analyse und ihre verschiedenen Anwendungsgebiete.

Entwickelt wurde die Analyse als ein Instrument von strategischen Planungsprozessen im Strategischen Management. Der begriffsgeschichtliche Ursprung ist ungewiss, die moderne Fachliteratur erkannte erste Hinweise jedoch bereits in dem Werk „Die Kunst des Krieges" des chinesischen Philosophen Sunzi, das heute als frühestes Buch über Strategie gilt. Auch die Werke „Der Fürst" von Machiavelli und „Vom Kriege" von Carl von Clausewitz bergen Indikatoren militärischen Ursprungs, die später in die Betriebswirtschaftslehre übertragen wurden. So erfassten etwa die Wirtschaftswissenschaftler Philip Kotler, Roland Berger und Nils Rickhoff diese grundlegenden historischen Konzepte: „And each of these military strategies, some of which date back to antiquity, holds true for management by analogy."[162] In den 1960er Jahren wurde sie von Professoren der Harvard Business School und der Stanford University weiterentwickelt bzw. für die Anwendung in Unternehmen professionalisiert.[163]

Die Abkürzung SWOT steht für Strengths (Stärken), Weaknesses (Schwächen), Opportunities (Chancen) und Threats (Risiken). Aus der Analyse dieser Faktoren ergibt sich, insbesondere im Zuge von Unternehmensgründungen, aber auch von Planungsprozessen in bestehenden Unternehmen, eine Entscheidung darüber, welche Stärke(n) man sich zunutze machen kann, um eine Chance zu realisieren, Häufig geht es außerdem um die Frage, welche Gefahren dadurch im Idealfall neutralisiert werden können (*Neutralisierungsstrategie*), also um die Transformation einer Schwäche in eine Stärke.

---

[161] Pelz, Waldemar: Strategisches und Operatives Marketing. Ein Leitfaden zur Erstellung eines professionellen Marketing-Plans, Norderstedt 2004. Ein Auszug zur SWOT-Analyse ist zu finden in: http://www.wpelz.de/ress/swot.pdf (Zugriff am 08.09.2015).
[162] Kotler, Philip/Berger, Roland/Rickhoff, Nils: The Quintessence of Strategic Management. What You Really Need to Know to Survive in Business, Heidelberg 2010, S. 6.
[163] Kotler/Berger/Rickhoff: The Quintessence of Strategic Management, S. 30.

Die System-Umwelt-Beziehung des Unternehmens wird im Rahmen einer SWOT-Analyse in einer Matrix dargestellt. Sie umfasst die interne Analyse (Unternehmensanalyse), die die Stärken und Schwächen des Unternehmens, beispielsweise in Bezug auf Image, personelle und finanzielle Ressourcen oder Führungsqualität berücksichtigt, sowie die externe Analyse (Umweltanalyse), die alle politisch, kulturell, rechtlich oder technologisch relevanten Faktoren, die das Unternehmen beeinflussen (können) umfasst. Im digitalen Zeitalter sind besonders Letztere für die Unternehmensentwicklung entscheidend.

Die in der Matrix gelisteten Aspekte sollten so konkret wie möglich formuliert und in ihrer Gesamtheit auf die vorab vereinbarten Zielvorgaben ausgerichtet sein, schließlich müssen sich konkrete Handlungsempfehlungen und Maßnahmen aus der Analyse ableiten lassen. Ferner beobachtete der Organisationspsychologie William H. Starbuck, dass SWOT-Modelle zunehmend als nachträgliche Begründung bereits gefällter Entscheidungen in Unternehmen hinzugezogen werden statt zur Abwägung dieser Entscheidungen im Vorfeld[164].

Die folgende Abbildung zeigt eine SWOT-Analyse für das Geschäftsmodell von *Krautreporter*.

---

[164] Starbuck, William H.: Organizations as acting generators, in: American Sociological Review, Nr. 48, 1983, S. 91-102, in: http://pages.stern.nyu.edu/~wstarbuc/Actgens.htm (Zugriff am 08.09.2015).

SWOT-Analyse		Interne Analyse	
		Stärken (Strenghts) ⬇ fördern	**Schwächen (Weaknesses)** ⬇ reduzieren
Externe Analyse		1) Gute Marktkenntnis der Gründer 2) Netzwerke der Autoren 3) Nutzung der Erfahrungen von *De Correspondent* 4) Eigene Erfahrungen (Genossenschaftsmodell) 5) Crossmedialität mit neuen Erzählformaten 6) Interaktion mit dem Publikum (Unternehmenskultur)	1) Unsicherheiten des Crowdfunding-Modells 2) Profillosigkeit der Marke (Imageproblem) 3) Fehlende Spezialfähigkeiten 4) Fehlende Führungspersönlichkeiten 5) Kaum loyale Zielgruppen 6) Hohe Kosten und aufwendige Abläufe bez. Software 7) Autorenschwund
	Chancen (Opportunities) ⇒ nutzen	1) Weiterentwicklung internationaler Kooperationen 2) Crowdfunding als USP 3) Prozessoptimierungen in der Redaktionsorganisation	
	Risiken (Threats) ⇒ begrenzen		1) Methodische Nutzung des Wertewandels durch Digitalisierung 2) Qualitätsverlust durch Wettbewerbssituation 3) „Digitale Spaltung"

Tabelle 3: SWOT-Analyse des *Krautreporter*-Geschäftsmodells
Eigene Darstellung nach Pelz

Die interne Analyse resp. Unternehmensanalyse verzeichnet die Stärken und Schwächen des *Krautreporter*-Geschäftsmodells.

Stärken

Zu den wesentlichen Stärken zählt die gute Marktkenntnis der Gründer, die auch die allgemeine Euphorie dem Projekt gegenüber begründete. Als erfahrene Journalisten und Blattmacher bei verschiedenen Medien brachten Esser, Schwörbel und von Streit das nötige Wissen um das Marktpotenzial[165] ihrer Unternehmung im Segment der Online-Medien mit. Ferner konnten sie Autoren und Redakteure für sich gewinnen, die mithilfe ihrer eigenen Netzwerke Formate lieferten und *Krautreporter* inhaltlich bereichern könnte. Diesem Prinzip bediente sich auch der niederländische *Correspondent*, von dessen Gründungsgeschichte und ersten Erfahrungen mit dem Crowdfunding-Geschäftsmodell das deutsche Pendant profitierte. Es ist und bleibt eines der ersten journalistischen Projekte in Deutschland, das erfolgreich über Crowdfunding gegründet wurde und mit dieser Basisfinanzierung auch weiterhin, in Form einer Genossenschaft arbeiten wird.

Eine weitere Stärke der *Krautreporter* liegt in ihrer Crossmedialität. Die Kritik an der Digitalisierung findet vor allem im Zuge der Beschleunigung von Informationen statt. „Vernachlässigt wurde, dass das Internet auch für analytische und erzählende Beiträge bessere Möglichkeiten bietet als die klassischen Medien."[166] Zwar haben die *Krautreporter* diese Möglichkeiten nicht vollends ausgeschöpft und hauptsächlich im Reportage-Format erzählt. Der multimediale Ansatz äußert sich aber beispielsweise in der Kombination aus Text, Audio, Grafik und Video sowie der kreativen Nutzung von bestehenden Formaten, wie der „Morgenpost", eine durch New York-Korrespondent Christian Fahrenbach personalisierte Mischung aus Newsletter und Presseschau. Interaktion geschieht zuletzt auch mit dem Publikum und zwar nicht nur in den Kommentaren unter den Artikeln, sondern persönlich auf einer Vielzahl von Veranstaltungen.

---

[165] Marktpotenzial = Anzahl der Bedürfnisträger x durchschnittlicher Bedarf / auch: maximale Aufnahmefähigkeit, vgl. Pelz: SWOT-Analyse, S. 8, (Zugriff am 10.09.2015).
[166] Neuberger, Christoph: Unabhängigkeit oder Gesinnungsjournalismus? 24.10.2014, in: http://www.zeit.de/kultur/2014-10/krautreporter-journalismus-christoph-neuberger (Zugriff am 10.09.2015).

Schwächen

Die wohl größte Schwäche des *Krautreporter*-Geschäftsmodells ist seine Grundlage: die Crowd. Der Status Quo zeigt, wie unsicher und instabil ein Unternehmen, dessen Finanzierung vollständig auf der Loyalität seiner Mitglieder beruht, nur agieren kann. Wenn nicht genügend zahlende Abonnenten für das zweite Jahr gefunden werden, kann in einem Worst-Case-Szenario seine Existenz gefährdet sein. Andernfalls müssten neue Wege der Finanzierung gefunden werden, die vom Crowd-Gedanken wegführen würden.

Die Erwartung, dass über die Hälfte der Mitglieder ihr Abonnement nicht verlängern wird, erscheint zum jetzigen Zeitpunkt realistisch. Das liegt auf der einen Seite an der Profillosigkeit der Marke: „Die 'Krautreporter' lesen sich [...] nicht wie ein Magazin. Sondern wie eine Sammelstelle langer Texte bekannter Autoren."[167] Dieser Umstand mag ein Grund dafür sein, dass kaum loyale Zielgruppen identifizierbar sind. Auch die Gründer gestehen sich und den Mitgliedern ein Jahr nach dem Start das Imageproblem ein: „Es waren schlechte Voraussetzungen, um uns als Redaktion zu finden."[168] Die Turbulenzen der ersten Monate hätten den Selbstfindungs- und Profilierungsprozess behindert, die Erwartungen daran, dass das Team mit seinen Leistungen das gute Image der Gründungsphase bestätigen würde, wurden nicht erfüllt. Der Anspruch, besseren Journalismus zu machen als der Rest der Medienwelt, ist „ein Anspruch, der kaum zu erfüllen ist"[169].

Fehlende Spezialfähigkeiten kamen hinzu. Die bereits erwähnten multimedialen Formatideen der Redaktion können nicht über einen Mangel am wirklich Innovativen hinwegtäuschen. Folglich „[n]icht herausgekommen ist irgendetwas Überraschendes".[170] In puncto Kreativität „kommt von etablierten Redaktionen wie 'Süddeutsche.de' und 'Zeit Online' weitaus mehr an Innovation und Experimentierfreude"[171].

---

[167] Jakubetz, Christian: Christian Jakubetz zum Start von „Krautreporter": „Was zu erwarten war", 24.10.2014, in: http://www.newsroom.de/news/detail/822406 (Zugriff am 10.09.2015).
[168] Esser: Bleibst du Krautreporter?, a.a.O. (Zugriff am 10.09.2015).
[169] Jakubetz: Christian Jakubetz zum Start von „Krautreporter", a.a.O. (Zugriff am 10.09.2015).
[170] Jakubetz: Christian Jakubetz zum Start von „Krautreporter", a.a.O. (Zugriff am 10.09.2015).
[171] Jakubetz: Ernüchterungs-Zelle, a.a.O. (Zugriff am 10.09.2015).

„Eine erfolgreiche Marke und damit ein erfolgreiches Start-up beginnt im Unternehmen, bei den Mitarbeitern und den Führungspersönlichkeiten."[172] Letztere sind bei *Krautreporter* gering vorhanden. Esser verkörpert nicht gerade den charismatischen Geschäftsführer, den eine solche Unternehmung, gerade in der Anfangsphase ihrer Laufbahn, benötigt. Eher noch sind die Autoren Führungspersönlichkeiten, deren Potenzial aber zu wenig genutzt wird.

Infolgedessen nahmen namhaften Autoren wie Weinreich (kaum Texte exklusiv für *Krautreporter*), Gutjahr (hörte nach zwei Texten auf) und Niggemeier (kündigte im Juni an, nicht mehr dabei sein zu wollen) Abstand vom Projekt: „Das Experiment Autorenplattform ist leider ziemlich in die Hose gegangen."[173] Hohe Kosten und aufwendige Abläufe für die eigene Software ergänzen die Schwächen des Geschäftsmodells.[174]

Die externe Analyse resp. Umweltanalyse verzeichnet die Chancen und Risiken des *Krautreporter*-Geschäftsmodells.

Chancen

Die größte Chance von *Krautreporter* besteht darin, die internationalen Kooperationen, die bereits bestehen, weiter auszubauen und damit Synergie-Effekte zum Austausch von Content und Zielgruppen nutzen. So arbeitet die Redaktion mit dem US-amerikanischen Blog *Medium* zusammen, der 590.000 Follower versammelt und ausgewählte Geschichten von *Krautreporter* veröffentlicht, mit der Community des arabischen Nachrichtensenders Al Jazeera, *AJ+*, dem Schweizer *Reportagen*-Magazin, dem Netzwerk für Osteuropa-Berichterstattung *n-ost*, *Storyful*, *Narrative.ly* sowie *Roads & Kingdoms*. „Wir sprechen auch mit anderen deutschen Journalismus-Start-ups – das Ziel: ein Verbund für alle verlagsunabhängigen Online-Medien in Deutschland."[175]

---

[172] Martschenko: Krautreporter – eine Marke wie Kraut und Rüben, a.a.O. (Zugriff am 10.09.2015).
[173] Esser: Bleibst du Krautreporter?, a.a.O. (Zugriff am 10.09.2015).
[174] Niggemeier, Stefan: In eigener Sache. Die Krautreporter und ich, 17.06.2015, in: http://www.stefan-niggemeier.de/blog/21340/in-eigener-sache-die-krautreporter-und-ich/ (Zugriff am 10.09.2015).
[175] Esser: Bleibst du Krautreporter?, a.a.O. (Zugriff am 10.09.2015).

Zudem ist die Interaktion mit den Lesern und Mitgliedern ein Geschäftsfeld, das es fortwährend zu bespielen gilt. Das Feedback der eigenen Financiers kann dabei helfen, aktuelle Risiken zu erkennen und kommenden vorzubeugen. In den neuen Technologien des Crowdfunding und Crowdsourcing findet sich also eine Chance zur Finanzierungs- und Qualitätssicherung. Mehr noch können die *Krautreporter* ihr Crowdfunding-Modell künftig als Geschäftsmodell verkaufen, das ein Profil hat und mehr als ein schlichtes Abonnement-System beinhaltet, wie bei anderen Medien üblich. Die Kommunikation eines starken USP wird nach wie vor ein wichtiger Faktor sein.

Darüber hinaus besteht die Chance, eigene Prozesse zu optimieren, was bereits teilweise geschehen ist: „Im März haben wir umgesteuert. Wir arbeiten inzwischen mehr wie eine klassische Redaktion."[176] Drei Redakteure, eine Dokumentarin sowie Chefredakteur von Streit arbeiten nun verzahnter als zuvor und sollen dadurch die unternehmensinternen Strukturen stärken.

Risiken

Mit der Digitalisierung geht auch ein neuer Wertewandel einher, von dem in dieser Studie bereits gesprochen wurde. Transparenz ist ein Wert, der im Journalismus seit jeher für Unparteilichkeit und Unabhängigkeit steht, den die Leser jedoch zunehmend selbst einfordern und die Redaktionen auf verschiedenste Art und Weise pflegen: „What has changed in the digital era is not so much the need for impartiality but the method to achieve it."[177] Online-Medien wie *Krautreporter* versuchen diese Unparteilichkeit durch Transparenz und Pluralität zu schaffen, was eine zeit- und kostenintensive Angelegenheit ist. Positiv betrachtet hat sich mit diesem Wertewandel die Funktion der Journalisten als Gatekeeper keinesfalls geändert: „But it´s also important to recognise what *hasn't* changed. Do audiences need a journalist to de-code the news or contextualise the facts anymore? I think

---

[176] Esser: Bleibst du Krautreporter?, a.a.O. (Zugriff am 10.09.2015).
[177] Riordan, Kellie: Does journalism still require impartiality?, 05.09.2014, in: http://www.theguardian.com/commentisfree/2014/sep/05/does-journalism-still-require-impartiality?CMP=twt_gu (Zugriff am 10.09.2015).

they still do."[178] Letztendlich müssen sie sich diesem Wandel jedoch unterwerfen und riskieren damit Eingriffe in ihren Arbeitsalltag.

Dieser Alltag ist wiederum geprägt von Konkurrenz. Viele, bereits etablierte Wettbewerber, die thematisch genau das Gleiche machen wie die *Krautreporter*, buhlen um die Aufmerksamkeit des Publikums. Dadurch entsteht der Druck, sich von den Mitbewerbern abzuheben und das Risiko, speziell auf der inhaltlichen Ebene, unglaubwürdig zu erscheinen:

> „Man fand dann bei den 'Krautreportern' innerhalb kürzester Zeit Geschichten über die Qualität der Marschverpflegung der chinesischen Armee, über das Leben von Prostituierten in Südafrika und überhaupt über ganz viele Dinge aus Regionen, bei denen sich die Redaktion offenbar zum Maßstab genommen hatte: je weiter weg, desto besser."[179]

Eine politische Dimension bekommt das *Krautreporter*-Geschäftsmodell, wenn Crowdfunding als eine zukünftig wesentliche Erlösquelle des Journalismus gedacht wird. Durch Unternehmen wie *Krautreporter*, die ihr Marktsegment, weil sie von Beginn an dabei waren, dominieren könnten, würden jüngere und kapitalschwächere Projekte benachteiligt werden. Neuberger nennt dieses Szenario „digitale Spaltung"[180].

4.1.1 *Krautreporter* – Erfolgsfaktoren des Geschäftsmodells und Handlungsempfehlungen – Analyse-Ergebnis des Interviews mit Philipp Schwörbel

Aus den Ergebnissen der SWOT-Analyse sollen in diesem Kapitel die Erfolgsfaktoren des *Krautreporter*-Geschäftsmodells abstrahiert werden. Ferner basiert diese Extrahierung auf dem, in der Einleitung bereits erwähnten Interview mit Philipp Schwörbel, einem der geschäftsführenden Gesellschafter von *Krautreporter* (Transkript, s. CD, Anhang 1). Thematisch korreliert das Interview mit den übergreifenden Dimensionen des medialen Strukturwandels, die sich aus dem

---
[178] Riordan: Does journalism still require impartiality?, a.a.O. (Zugriff am 10.09.2015).
[179] Jakubetz: Ernüchterung-Zelle, a.a.O. (Zugriff am 10.09.2015).
[180] Neuberger: Unabhängigkeit oder Gesinnungsjournalismus?, a.a.O. (Zugriff am 10.09.2015).

theoretischen Teil dieser Studie ergeben haben. Schwörbel wertet darin sein eigenes Geschäftsmodell vor dem Hintergrund dieses Wandels aus; dabei spielen das Crowdfunding-Prinzip, neue journalistische Formate und Erlösmodelle sowie die Zukunft des Online-Journalismus im Allgemeinen und die Professionalisierung der Medienbranche im Speziellen eine Rolle. Außerdem spricht er über den USP von *Krautreporter* und die Zukunft des Unternehmens als Genossenschaft.

Auf der Grundlage der Erfolgsfaktoren werden im weiteren Verlauf dieses Kapitels Handlungsempfehlungen für die strategische Zukunft des *Krautreporter*-Geschäftsmodells abstrahiert.

Erfolgsfaktoren

Mit dem Slogan „Journalismus für alle" und dem Ziel „besseren" Journalismus machen zu wollen als die traditionsreiche Konkurrenz, starteten die *Krautreporter* ihre Gründungskampagne. Der Umstand, dass sie mit dieser Strategie das erste, in einer derartigen finanziellen Dimension erfolgreiche, journalistische Crowdfunding-Projekt in Deutschland waren, lässt vermuten, dass es sich um einen disruptiven Ansatz handelt, der sich zu einem Phänomen im Online-Journalismus ausweiten könnte. Dem setzt Schwörbel jedoch entgegen, dass sie in der Tradition eines typischen Abonnement-Modells handeln würden. Leser für eine Mitgliedschaft zu gewinnen, sei „[e]igentlich ein ganz klassisches, ganz altes Geschäftsmodell"[181].

Ein tradiertes Geschäftsmodell kann jedoch auch bei jungen Unternehmen zum Erfolg führen, weil diese häufig flexibler auf einen Strukturwandel reagieren können als die etablierte Konkurrenz. Das liegt in erster Linie an den Organisationsstrukturen der etablierten Nachrichten-Websites, die sich in vielen Fällen noch immer an ihren gedruckten Vorbildern orientieren (müssen):

> „Ich geh' aber auch davon aus, dass es die traditionellen Medien wie *Spiegel* oder die *Süddeutsche Zeitung* sehr schwer haben werden in Zukunft, dass sie nämlich nicht nur was Neues machen müssen, sie müssen auch noch ihren alten Laden

---

[181] Persönliches Interview mit Philipp Schwörbel, Gründer und geschäftsführender Gesellschafter von Krautreporter und Prenzlauer Berg Nachrichten (PBN), 08.07.2015, S. 1. Im weiteren Verlauf wie folgt zitiert: PS, 2015, S. [ ].

transformieren. [...] und die [...] Medien, die das nicht machen müssen, die einfach neu an 'n Start gehen können, [...] wie *Krautreporter* ... die haben´s natürlich einfach viel einfacher."[182]

Umso mehr ist es als Erfolg für *Krautreporter* zu werten, dass der Strukturwandel in diesem Fall mit veränderten Nutzungsbedürfnissen von Medienkonsumenten einhergeht und die Gründer ihr Geschäft von Anfang an auf diese Bedürfnisse auszurichten versuchten. Die über 17.000 Menschen, die sich im Juni 2014 zur Unterstützung des Projekts entschieden, bestätigen diesen Erfolgsfaktor. „Und das ist eigentlich das große Mythos oder der großer Irrglaube, dass Menschen nicht bereit sind, im Netz für Inhalte zu bezahlen."[183] Ob die aktuell 18.000 Mitglieder auch im zweiten Jahr dazu bereit sein werden, bleibt abzuwarten. Es kann aber als Erfolg gewertet werden, dass „es jetzt einfach mal jemand versucht"[184], mit den *Krautreportern* also eine Unternehmung begonnen wurde, die das Potenzial von Lesern bemerkt und für sich genutzt hat.

Doch die *Krautreporter* zeigten nicht nur zur richtigen Zeit Präsenz, sie entwickeln das Potenzial der eigenen Leserschaft auch dahingehend konsequent weiter, dass das „Gemeinschaftserlebnis Journalismus" in der öffentlichen Wahrnehmung bis heute als ihr Alleinstellungsmerkmal gilt, aller Kritik zur Umsetzung dieses Prinzips zum Trotz.
Crowdfunding bzw. Crowdsourcing sind, wie bereits beschrieben, im Online-Journalismus längst keine Neuerscheinungen mehr, die Strategie allerdings, die eigenen Financiers konsequent in den Herstellungsprozess ihres Produktes miteinzubeziehen und auch Problematiken zu diskutieren, war von Beginn an innovativ. „Selbst wenn´s ein Problem gäbe, würde es auf den Tisch kommen, dann könnte man darüber sprechen. Bei anderen Medien gibt´s das überhaupt nicht."[185]

---

[182] PS, 2015, S. 7.
[183] PS, 2015, S. 1.
[184] PS, 2015, a.a.O..
[185] PS, 2015, S. 5.

Dieses Verhältnis zu den Mitgliedern geht über das herkömmliche Leser-Blatt-Bindungs-Modell hinaus, weil die Mitglieder auch als Recherche-Pool mit Themen und Kontakten zum Erfolg von *Krautreporter* beitragen:

> „Und wenn man andere Zugänge hat, andere Quellen hat, andere Personen, über die man schreiben kann, dann ist das natürlich 'n Vorteil gegenüber den Journalisten oder Medien, die immer nur die üblichen Verdächtigen haben. [...] Sie erwarten auch von uns, dass, wenn wir nicht weiterkommen, dass wir sie fragen und einbeziehen. Das heißt, die, wie soll ich sagen, das ist ein Grund, den Community-Journalismus als, also als tragendes Element auch zu nutzen. [...] Das ist überhaupt gar keine Einbahnstraße, sondern das ist tatsächlich ein Weg, den Kontakt aufzunehmen zu potenziellen Quellen."[186]

So diese Strategie denn zukünftig noch weiter ausgebaut wird, was mit dem Genossenschaftsmodell bereits geschieht, könnte dieser USP und Erfolgsfaktor die Entwicklung der Marke positiv beeinflussen. Wenn auch die Assoziation *Krautreporters* mit dem Begriff Innovation ein Jahr nach dem Start gelitten hat, so messen sich sein USP und Erfolg weiterhin an den Werten Vertrauen, Glaubwürdigkeit und Transparenz. Diese Werte resultieren aus den zehn Grundsätzen des Unternehmens, vornehmlich dem Grundsatz: Keine Werbung. Während etablierte Nachrichten-Websites gemeinsam mit Facebook oder Google neue Mikro-Erlösmodelle wie Native Advertising oder Instant Articles austesten – „[u]nd das trägt maßgeblich bei zu der Vertrauenskrise, die bestimmte Medien auch haben"[187] – verfolgt *Krautreporter* non-kommerzielle Strategien abseits von Klicks und Reichweite, sowie Synergie-Effekte im eigenen Marktsegment statt in der Zusammenarbeit mit globalen Playern. Schwörbel beschreibt den USP derart, „dass wir eben unabhängig von anderen Interessen sind, weil wir uns nur abhängig machen von den Leuten, für die wir schreiben"[188].

Für den zukünftigen Erfolg der *Krautreporter* erscheint es demnach wichtig, diese Faktoren als Basis für das zukünftige Wachstum zu etablieren.

> „Ich glaube, die pure Existenz von Krautreporter stellt schon 'ne Herausforderung dar, weil es, weil wir zeigen, dass sich Dinge auch ändern und dass es andere

---

[186] PS, 2015, S. 2.
[187] PS, 2015, S. 3.
[188] PS, 2015, S. 5.

Modelle gibt, ne?! Wir sind momentan in 'ner Phase bei Krautreporter, dass wir erstmal für uns 'nen guten Job machen müssen, 'n interessantes Programm machen und wir da so´n bisschen auf uns, wir sollten auf uns schauen, und jetzt nicht sagen, wir greifen jetzt die *SZ* an oder so, ne?! Das passiert dann von ganz alleine."[189]

Handlungsempfehlungen

Die durch eine SWOT-Analyse eruierten Problemfelder eines Unternehmens können im Idealfall zu übergreifenden strategischen Lösungsansätzen führen. Allgemein sollen dafür Stärken gefördert, Schwächen reduziert, Chancen genutzt und Risiken begrenzt werden. Die Kombination dieser Komponenten führt schließlich zu einer Typologie von Strategien, deren adäquate Anwendung die Unternehmen zum Erfolg führen soll.

Auf das Geschäftsmodell von *Krautreporter* lassen sich zwei dieser „Normstrategien"[190] übertragen: Zum einen ist eine *SO-Strategie* sinnvoll, mit der offensichtliche externe Chancen mit passenden Stärken des Unternehmens kombiniert werden, zum anderen empfiehlt sich eine *WO-Strategie*, wodurch interne Schwächen zugunsten externer Chancen beseitigt werden sollen, also eine Umwandlung der Schwächen des Unternehmens in Stärken.

Im Sinne der SO-Strategie bedeutet dies für die zukünftige Entwicklung der *Krautreporter*, dass sie die Chance nutzen sollten, ihr Netzwerk auszubauen. In Kombination mit der Stärke, bereits Kooperationen mit nationalen und internationalen Start-Ups und etablierten Unternehmen initiiert zu haben, könnte die Weiterentwicklung des Netzwerks einen Austausch von Know-how, Content und Technologien fördern. Insbesondere sollte die Zusammenarbeit dazu beitragen, im zweiten Geschäftsjahr das Profil von *Krautreporter* zu schärfen und eine Markenstrategie entwickeln zu können, die zukünftig konsequent verfolgt werden wird. Daraus ergibt sich eine zweite strategische Möglichkeit: Die Chance, das Crowdfunding und -sourcing-Modell zu einem USP des Unternehmens auszubauen, das

---

[189] PS, 2015, S. 10.
[190] Vgl. Pelz: SWOT-Analyse, S. 7 (Zugriff am 10.09.2015).

sich von der Konkurrenz abzusetzen vermag. Sicherlich wird die Mitgliederzahl im zweiten Jahr nicht die des Gründungszeitpunktes erreichen können. Diese Tatsache müssen die Mitarbeiter akzeptieren, aber vielmehr noch können sie zukünftig mit den verbliebenen und dadurch loyalen Mitgliedern als Zielgruppe arbeiten. Mit der Umwandlung zu einer Genossenschaft haben sie bereits den ersten Schritt in diese Richtung getan, da dadurch die Financiers der Unternehmung, so sie denn erfolgreich sein wird, in dem Sinne, dass die zweite Finanzierungsrunde gesichert ist, zu Eigentümern werden. Dies ist eine Form von *Audience Development*, die aus dem Kulturbereich bekannt ist, im Medienbereich aber bisher eine Seltenheit darstellt. Sie setzt sich etwa von börsennotierten Unternehmen ab, indem sie die Mitglieder nicht nur finanziell, sondern inhaltlich an redaktionellen Prozessen beteiligt. Es handelt sich folglich um eine Chance, die Mitglieder auch zur Qualitätssicherung hinzuzuziehen, indem die *Krautreporter* Feedback nutzen und den Bedürfnissen ihrer Mitglieder entsprechend neue Erzählformen entwickeln, die ihren USP ausmachen.

Die geschilderten Unsicherheiten, die Crowdfunding als Finanzierungsmethode birgt, könnten eingedämmt werden und sich sogar zu einer Stärke entwickeln. Zugunsten der Chance, das Vertrauen der Mitglieder mit dem Genossenschaftsmodell zu festigen resp. zurückzugewinnen, können interne Schwächen des Unternehmens beseitigt werden, was der WO-Strategie entspricht. Der geplante Imagetransfer mit bekannten Autoren muss bei *Krautreporter* aufgrund des Autorenschwundes und der wenigen loyalen Zielgruppen einem fokussierten Image weichen, nämlich der Konzentration auf die ursprünglichen Ziele, einen durch Mitglieder finanzierten, auf innovativ erzählten Geschichten basierenden Journalismus zu machen. Dass dadurch das Ziel, den Online-Journalismus in irgendeiner Weise zu revolutionieren, zunächst einmal in den Hintergrund rückt, muss in Kauf genommen werden; letztlich haben sich, wie beschrieben, bereits die Gründer selbst von diesem hohen Anspruch verabschiedet. Durch eine Stärkung des Profils und die Entwicklung der Marke *Krautreporter* ist eine Erreichung dieses Ziels in Zukunft jedoch keinesfalls unwahrscheinlich.

Auch die Analysen der Interviews mit Stefan Plöchinger und Christoph Keese[191] in den folgenden Kapiteln werden die strategischen Problematiken des *Krautreporter*-Geschäftsmodells aufdecken; vor allem die Profillosigkeit der Marke spielt dabei eine Rolle. Parallel sollen, soweit möglich, die Erfolgsfaktoren des Start-Ups auf die digitalen Strategien der etablierten Medien übertragen werden. Dabei steht die grundlegende These im Vordergrund, dass das *Krautreporter*-Modell zumindest teilweise auf etablierte Nachrichten-Websites übertragen werden kann. „Sollten die Krautreporter erfolgreich sein, könnten sie ein Leuchtturmprojekt werden, das für andere Redaktionen Maßstäbe setzt und damit das Niveau des gesamten Internetjournalismus heben."[192]

4.2 Von *Krautreporter* lernen?
4.2.1 Die Erfolgsfaktoren und ihre Übertragbarkeit auf *Süddeutsche.de* – Analyse-Ergebnis des Interviews mit Stefan Plöchinger

Zum Abschluss des praxisorientierten Teils dieser Studie sollen nun die aus der SWOT-Analyse und dem Interview mit Philipp Schwörbel abgeleiteten Erfolgsfaktoren des *Krautreporter*-Geschäftsmodells auf *Süddeutsche.de* und andere etablierte Nachrichten-Websites übertragen werden.

Die in Zusammenhang mit *Süddeutsche.de* stehende Transferleistung fußt auf der Digitalstrategie des Süddeutschen Verlags (s. Kapitel 3.1.1) sowie auf dem bereits erwähnten Interview mit dem Chefredakteur von *Süddeutsche.de* und Mitglied der Chefredaktion der *SZ*, Stefan Plöchinger (Transkript, s. CD, Anhang 2). Darin spricht er über die im Mai 2015 eingeführte Paywall, die Herausforderungen der *Krautreporter* hinsichtlich USP und Redaktionsorganisation sowie Community-Journalismus im Allgemeinen. Außerdem wurden im Gespräch thematische Bezugspunkte zu den Aussagen Schwörbels gesetzt, damit ein Vergleich beider Perspektiven gewährleistet wird. Plöchinger ordnet deshalb das *Krautreporter*-Modell sowie die eigene Strategie innerhalb des medialen Strukturwandels ein,

---

[191] Beide sind seit der Gründung Mitglieder des *Krautreporter*-Kollektivs.
[192] Neuberger: Unabhängigkeit oder Gesinnungsjournalismus?, a.a.O. (Zugriff am 10.09.2015).

gibt Prognosen zur zukünftigen Leserschaft und Erlösmodellen im Online-Journalismus ab und beurteilt Synergie-Effekte zwischen Print- und Onlinebereich.

Die mangelnde „(gefühlte) Exklusivität", wie sie SZ-Kollege David Denk den *Krautreportern* bereits attestierte, bestätigt Plöchinger:

> „Sie bräuchten mehr Profil. [...] Das war von Anfang an das Problem. Man dachte eigentlich, die lösen das schon, aber sie haben's noch nicht gelöst. [...] Ich glaub' auch, ich hätte am Schluss dann weniger in Technik investiert als in, mir wirklich zu überlegen, okay, was denn jetzt wirklich Geschichten sind, die man nirgendwo anders sieht."[193]

Einen direkten Vergleich der „Methode *Krautreporter*" mit der Strategie der *SZ* hält er allerdings für sinnlos, weil die beiden Geschäftsmodelle unterschiedliche Zwecke verfolgen würden. Die *Krautreporter* seien als Start-Up aktuell in einer personellen und finanziellen Phase der Selbstfindung, in der sie ihr Mission Statement und ihren Anspruch noch einmal überdenken müssten, wohingegen sich die *SZ* als bereits etablierte Marke in einem Transformationsprozess befinde, wie ihn auch Schwörbel beschrieben hat: Dort muss die gemeinsame Chefredaktion, zusätzlich zur Implementierung einer digitalen Strategie, die Print- und der Onlineausgabe mit ihren Inhalten und Zielgruppen zu einer Marke transferieren.

> „Also, das eine ist 'n Vollprodukt [Anm.: *SZ*] und das andere ist 'n Mietprodukt [Anm.: *Krautreporter*]. Also unser Anspruch ist, dass wir alles machen, was relevant ist. Das ist ja genau nicht der Anspruch der *Krautreporter*. [...] Also, da sind wir einfach in zwei ... in zwei verschiedenen Welten."[194]

Ein Aspekt des Geschäftsmodells wird, wie es die Pläne der Start-Up-Gründer bereits haben erahnen lassen, auch zukünftig die Medienbranche prägen: Das Verständnis, dass digitaler Journalismus aus einem Kollektiv heraus als Gemeinschaftserlebnis erfolgreich funktionieren kann. Dieser Ansatz war es, der auch

---

[193] Telefoninterview mit Stefan Plöchinger, Chefredakteur von *Süddeutsche.de* und Mitglied der Chefredaktion der *Süddeutschen Zeitung*, 27.07.2015, S. 2. Im weiteren Verlauf wie folgt zitiert: SP, 2015, S. [ ].
[194] SP, 2015, S. 3.

Plöchinger dazu bewog, die Gründung der *Krautreporter* finanziell zu unterstützen. „Die Ingredienzien sind schon da, damit das funktionieren kann. Es ist, glaube ich, in, in der Abmischung stimmt´s nicht bisher [...]."[195]
Communities sind nicht nur in den Marketing-Abteilungen ein wichtiges Thema. Medien, die sich, wie die *SZ*, gegen dieses Gemeinschaftsverständnis sträuben, könnten als reaktionär und als Macher eines Einbahnstraßenjournalismus stigmatisiert werden. Ein *gesamtes* Geschäftsmodell darauf aufzubauen, Journalismus zu einem Gemeinschaftserlebnis mit den Lesern zu entwickeln, hält Plöchinger allerdings für eine Fehlentscheidung:

„Warum sollte das überhaupt das Ziel sein? Ich glaub´, Journalismus hat erstmal ´n ganz anderes Ziel, um irgendwie die Leute schlauer zu machen, sie aufzuklären und zu informieren. [...] Ich ahne [...], dass es sehr wenige Leute gibt, die sich so intensiv mit Journalismus beschäftigen wollen, dass sie überhaupt nur über diese Rechtfertigung von Journalismus als Gemeinschaftserlebnis nachdenken wollen."[196]

Immerhin glaubt er aber, „dass die *Krautreporter* auf ´ner Metaebene Recht haben mit dem Community-Gedanken [...]: Wir brauchen eine Gemeinschaft hinter uns"[197].

Die anfängliche Euphorie ihres Projektes sowie die Anzahl der Unterstützer gaben den *Krautreportern* zumindest darin Recht, dass es genügend Menschen gibt, die heutzutage bereit sind für Qualitätsjournalismus zu bezahlen. Die Gründer erfassten zu einer Zeit, als populistische Thesen zur deutschen Lügenpresse weite Verbreitung fanden, die richtigen Bedürfnisse ihrer potenziellen Zielgruppen. Erfolg heißt aber auch, eine langfristige Strategie für die eigene Unternehmung zu entwickeln. Die *taz* beweist, dass ein Genossenschaftsmodell im Journalismus funktionieren kann. Diesen Erfolg hat sich *Krautreporter* von Anfang an zum Ziel gesetzt und plant ihn nun auch in die Praxis umzusetzen.

Nichtsdestotrotz ist das für Medienunternehmen heute wichtigste Erfolgskriterium ihre Relevanz, die sich messbar in Klicks ausdrücken kann, die sich aber vor al-

---

[195] SP, 2015, a.a.O..
[196] SP, 2015, a.a.O..
[197] SP, 2015, S. 4.

lem durch eine inhaltliche Expertise und Qualität äußert, mit der sich eine Marke von anderen Wettbewerbern absetzt.

> „Es ist klar, dass die Menschen nicht für 08/15-Journalismus zahlen werden, den sie überall kriegen. Es ist klar, dass man mehr bieten muss, an Expertise, an ... Gedanken, die man nicht überall schon gelesen hat, einfach, Journalismus, den man eben sonst nicht kriegt."[198]

Dass *Krautreporter* gute Geschichten produziert, die sich abseits von Anzeigen allein durch ihre Leser tragen, könnte ein zukünftiges Erfolgsmodell werden. Mit ihrer Unabhängigkeit sind sie außerdem flexibler als große Apparate wie der Süddeutsche Verlag, der Synergie-Effekte zwischen Print und Online erst relativ spät zu nutzen wusste. Obgleich Plöchinger die Strategie der *SZ* als Erfolgsgeschichte wertet199, können die Daten nicht über den Umstand hinwegtäuschen, dass dieser Transformationsprozess, insbesondere von Seiten der Printredaktion, auch problembehaftet von Statten gegangen ist. Im Vergleich dazu hat *Krautreporter* den Vorteil, ein reines Online-Magazin zu sein, was die gemeinsame Strategie prinzipiell erleichtert.

Hinsichtlich dieser notwendigen inhaltlichen Innovationen, ist *Krautreporter* derzeit kein ernstzunehmender Wettbewerber für *Süddeutsche.de*. Würde das Unternehmen einerseits sein Profil schärfen, indem es, wie zunächst versprochen, exklusive Geschichten in innovativen Formaten erzählt, wäre ein entscheidender Grundstein für eine solide Wettbewerbsposition gelegt. Denn darüber hinaus arbeiten die *Krautreporter* kaum anders als *Süddeutsche.de*; das Modell, gebündelt in einem Abo-System, gute, hintergründige Texte von kritischen, erfahrenen Autoren zu sammeln, löst schließlich keine Revolution der Medienbranche aus. „[O]ft ist es eben 'ne Frage des „wie" man´s macht und nicht des „ob" man´s macht. Und bei den Kollegen ist das „wie" nicht zu Ende diskutiert."[200]

---

[198] SP, 2015, S. 1.
[199] Vgl. SP, 2015, S. 8 f.. Plöchinger berichtet von 40.000 Digitalabonnenten und der Tatsache, dass alle Produkte des SV unter der Dachmarke der *Süddeutschen Zeitung* stehen.
[200] SP, 2015, S. 12.

4.2.2 Die Erfolgsfaktoren und ihre Übertragbarkeit auf etablierte deutsche Nachrichten-Websites – Analyse-Ergebnis des Interviews mit Christoph Keese

Nach dem Beispiel *Süddeutsche.de* soll geprüft werden, inwieweit die Erfolgsfaktoren von *Krautreporter* auf andere etablierte Nachrichten-Websites in Deutschland übertragbar sind. Gegensätzlich zum Süddeutschen Verlag verfolgt Axel Springer eine „Digital First"-Strategie (s. Kapitel 3.1.2), weshalb er als vergleichendes Beispiel herangezogen wird. Nachfolgend werden folglich die Interviewaussagen von Christoph Keese (Transkript, s. CD, Anhang 3), Executive Vice President der Axel Springer SE, in einen Zusammenhang mit den Erfolgsfaktoren *Krautreporters* gebracht. Keese steht in dieser Studie mit seinem Expertenwissen zu digitalen Themen im Journalismus im Vordergrund, da er für den Transformationsprozess des Konzerns zum „Leading Digital Publisher" mit verantwortlich ist. So war er allein bei Axel Springer als Chefredakteur der *Welt am Sonntag* und der (damaligen) *Welt Online* tätig, wurde Konzerngeschäftsführer Public Affairs und koordiniert seit dem Jahr 2012 den Bereich Investor Relations.

Vor dem Hintergrund der strategischen Ausrichtung Springers spricht Keese im Interview von der Digitalisierung als Chance und, wie auch Plöchinger, von der Profillosigkeit der *Krautreporter*. Darüber hinaus gibt er einen Überblick über neue Geschäftsmodelle im Online-Journalismus, das sich wandelnde Verhältnis zum Leser, die Erfolgsfaktoren einer digitalen Marke sowie die Professionalisierung der Medienbranche. Dabei tun sich etliche Gemeinsamkeiten mit den Aussagen Schwörbels und vor allem Plöchingers auf.

Ebenso wie Plöchinger, der, wie bereits dargestellt, der Überzeugung ist, dass journalistische Kollektive und die Digitalisierung im Journalismus allgemein funktionieren können[201], gibt auch Keese zu, er habe „noch nie eine so spannende und faszinierende Zeit erlebt wie jetzt"[202.] Unterdies spricht er von einer „kreati-

---

[201] Vgl. SP, 2015, S. 2 f..
[202] Telefoninterview mit Christoph Keese, Executive Vice President der Axel Springer SE, 07.08.2015, S. 1. Im weiteren Verlauf wie folgt zitiert: CK, 2015, S. [ ].

ven Explosion"[203] in der Branche und meint damit die Tatsache, dass eine Vielzahl von neuen journalistischen Angeboten auf den Markt käme. Die Zukunft lasse sich erschließen, indem die Verlage und anderen Medienunternehmen digitale Produkte herausbringen würden, ergo zu diesem Zweck Projekte oder Unternehmen selbst gründeten oder sich an ihnen beteiligen und sie damit fördern würden. „Wir fühlen uns durch jedes Start-Up herausgefordert, das ist auch gut so."[204] Der große Vorteil der Strategie Axel Springers besteht darin, dass sie Investments im Commerce-Bereich aktiv dazu nutzen, zugunsten einer gemeinsamen Strategie für alle Titel in die Digitalisierung investieren. Laut den Aussagen Keeses profitiert deshalb auch *Krautreporter* davon, dass sie mit ihrem Projekt, insbesondere der Crowdfunding-Methode sowie dem Format des Magazins, bewusst in digitale Technologien investieren. Darin besteht zugleich der größte Unterschied zur Strategie des Süddeutschen Verlags, der, wie Plöchinger berichtet, zwar in der gemeinsamen Chefredaktion unter der Dachmarke *Süddeutsche Zeitung* erfolgreich agiert, für den, wie Schwörbel anmerkt, die vollständige digitale Symbiose aber (noch?) keine Option darstellt.

Als kommerziell-disruptiv – und damit als potenzielle Konkurrenz – sieht Keese das Geschäftsmodell von *Krautreporter* jedoch nicht an. Das liege zum einen an der Methode des Crowdfunding, zum anderen an der Redaktionsorganisation, die auch Plöchinger kritisch betrachtet. Beides führt, wie bereits mehrfach erwähnt, in Start-Up-Unternehmen häufig zu der Problematik, dass der strategische Fokus auf der nächsten Finanzierungsrunde statt auf einer inhaltlichen Profilierung liegt.

> „Journalistisch-publizistisch ist das klare [...] journalistische Profil [Anm.: von *Krautreporter*] noch nicht erkennbar. [...] Es gibt jetzt nicht in dem Sinne eine Chefredaktion, 's is' eben, es is' eigentlich eher 'ne Plattform. Und Plattformen haben per se natürlich weniger eine redaktionelle Handschrift als Modelle, die mit einer redaktionellen Führung beglückt sind."[205]

---

[203] CK, 2015, S. 1 f. Vgl. auch: Scharrer, Jürgen: Christoph Keese: „Die richtige Disruption kommt erst noch", 10.10.2014, in: http://www.horizont.net/medien/nachrichten/Axel-Springer-Christoph-Keese-Die-richtige-Disruption-kommt-erst-noch-130828 (Zugriff am 17.09.2015).
[204] CK, 2015, S. 2.
[205] CK, 2015, a.a.O..

Diese Führungsebene sei maßgeblich für einen USP, mit dem sich *Krautreporter* sowohl inhaltlich als auch formal von der Konkurrenz absetzen könne. „Reportagen mit persönlichem Flair. Das ist das, was *Krautreporter* liefert. Haben die anderen das gar nicht? Darauf ist die Antwort sicher Nein."[206] Nichtsdestotrotz sei diese Profillosigkeit „ja auch im Jahr Eins noch gar nicht so ungewöhnlich, sondern da brauchen ja viele Medien, auch traditionelle Medien, mehrere Jahre, um diesen Selbstfindungsprozess abzuschließen"[207].

Bezogen auf die Zukunft des Journalismus stuft Keese vor allem die Wertigkeit der Profession, gemessen an ihrer qualitativen und ethischen Glaubwürdigkeit, hoch ein. Die Unabhängigkeit von den Interessen Dritter sei ein entscheidender Erfolgsfaktor für die Zukunft der Branche:

> „Also, wir sind in 'nem Geschäft der Glaubwürdigkeit. Und auch bei Print war's schon immer so, es gab schon immer unendlich viele unglaubwürdige Medien. [...] Je unglaubwürdiger die Welt wird, desto wichtiger ist es, dass die glaubwürdigen Medien ihre Glaubwürdigkeit gegebenenfalls verteidigen, um sich davon zu unterscheiden. [...] Wer also an seiner Glaubwürdigkeit rüttelt, der begeht nicht nur ein journalistisches Vergehen, sondern der gefährdet auch das Geschäft der Zukunft."[208]

Eine im Community-Modell der *Krautreporter* enthaltene Diskrepanz zwischen dem Servicegedanken hinsichtlich der Leserbedürfnisse und der thematischen Unabhängigkeit der Redaktion sieht er noch nicht einmal ansatzweise als problematisch an. „[D]ie Bedürfnisse der Leser bestehen ja gradezu darin, die Themen zu lesen, die genau diese Redaktion setzen will. Das ist ja der Grund für Abos."[209] Prinzipiell ist der communitybasierte Journalismus kein grundlegend neues Gedankengebäude: Das finanzielle Fundament bilden die Leser, deren Erwartungshaltung inhaltlich-journalistischer Natur ist; der Unterschied zwischen Crowdfunding-Konzepten und traditionellen, auf Anzeigen und andere Erlöse ausgerichteten Modellen, sei letztlich allein die Rechtsbeziehung zwischen Leser und Redaktion. Vielmehr glaubt Keese nicht daran, „dass die Art und Weise der Interak-

---

[206] CK, 2015, S. 7.
[207] CK, 2015, S. 2.
[208] CK, 2015, S. 4.
[209] CK, 2015, S. 5.

tion mit dem Publikum davon abhängt, ob das Publikum auf der Kapitalseite des Unternehmens beteiligt oder nicht beteiligt ist"210. Das Genossenschaftsmodell der *Krautreporter* hat demnach also keine außergewöhnlich innovative Bedeutung.

In Bezug auf seinen journalistischen Anspruch scheint *Krautreporter* kein Wettbewerber zu sein, den Christoph Keese als disruptiv einstufen würde. Als Vertreter eines Medienunternehmens, das bewusst die Entwicklung junger Unternehmen fördert, und selbst als eines der 17.000 Gründungsmitglieder von *Krautreporter*, beanstandet auch er die Profillosigkeit des Magazins, bewertet aber den journalistischen Versuch der Gründer indessen als Herausforderung für die Branche. Im Grunde stimmt er mit der Perspektive Plöchingers überein, dass *Krautreporter* eine Leser-Blatt-Bindung verfolgt, die den Strategien traditioneller Medien im Netz eher ähnlich anstatt sich von ihnen zu unterscheiden.

Für ein weiteres und langfristiges Gelingen sei jedoch eine Definition von Erfolg entscheidend, die Keese bei den *Krautreportern* bislang noch vermisst:

> „Dass man Geschichten und Themen besetzt und schreibt, die einen nachhaltigen Einfluss auf die Kultur, auf die Politik und auf die Wirtschaft haben. Dass man eine eigene Stimme findet. Dass man den Unterschied macht in einer Berichterstattung. Dass man Dinge bewegt, dass man Dinge auch mit verändert. Und natürlich bedeutet Erfolg auch, dass man möglichst viele relevante Leser bekommt [...]."[211]

---

[210] CK, 2015, S. 6. Vgl.: „[D]ie Kapitalseite oder die Kapitalverhältnisse sind mit Sicherheit kein USP.", a.a.O..
[211] CK, 2015, S. 7.

4.3 Zwischenfazit

Dieses Kapitel hatte ursprünglich folgenden Wortlaut: „Fazit und Handlungsempfehlungen für etablierte deutsche Nachrichten-Websites". Darin sollten die Ergebnisse aus der SWOT-Analyse mit denen aus den Interviews verknüpft werden, um schließlich, dem Titel der Studie folgend, Erfolgsfaktoren der „Methode *Krautreporter*" auf *Süddeutsche.de* und andere Medien übertragen zu können.

Im Gegenteil haben die vorangegangenen Analysen jedoch ergeben, dass dieses Ziel zwar konsequent verfolgt wurde, das Ergebnis hingegen die These falsifiziert. Vielmehr wird diese umgekehrt. Denn obgleich das Geschäftsmodell von *Krautreporter* einige innovative und damit für die Medienbranche inspirierende Erfolgsfaktoren bereithält, ergibt sich eine Marke, die, bedingt durch mangelnde Erfahrung mit sich selbst und seinen Zielgruppen, ein schwaches Profil aufweist. Zum jetzigen Zeitpunkt können einige der Erfolgsfaktoren zwar auch den etablierten Nachrichten-Websites als Vorbild dienen, Handlungsempfehlungen auszusprechen ist aber vorrangig für *Krautreporter* selbst sinnvoll. Im abschließenden abschließenden Fazit werden diese Erkenntnisse nachfolgend erläutert.

5 Fazit und Ausblick – *Krautreporter*, ein Geschäftsmodell für die Zukunft des Online-Journalismus?

Die wohl wichtigste Erkenntnis dieser Studie ist die Tatsache, dass zwischen der Zukunft der gedruckten Zeitung und der Zukunft des Journalismus ein gravierender Unterschied besteht. Sicherlich befindet sich die Branche derzeit in einer existenziellen Krise. Die Bemühungen der Medienunternehmen die digitalen Herausforderungen zu meistern sowie die Vielzahl journalistischer Projekte beweisen jedoch vielmehr das Gegenteil: „Die Idee der Zeitung, mithin der Geist der Presse ist lebendiger denn je. Und ihr Abgesang wäre mehr als verwegen."[212] Bereits im Titel dieser Studie ist thematisch die Haltung angelegt, die Projekte wie *Krautreporter* charakterisiert. Sie bilden eine Lebendigkeit ab, die die Branche mit der Digitalisierung erfasst hat.

Journalismus bedeutet heutzutage vor allem eins: Experimentieren. Dass der Strukturwandel für beide Seiten, die etablierten Medien sowie neue Projekte, finanzielle und personelle Schwierigkeiten mit sich bringt, steht außer Frage. Die Bereitschaft, traditionsreiche Strukturen aufzubrechen bzw. etwas, den Bedürfnissen der Nutzer nach, völlig Neuem, Innovativem zu entsprechen, ist kein leichtes Unterfangen. Doch mit der Hinwendung zur Digitalisierung eröffnen sich auch beinahe unendliche Möglichkeiten. In Bezug auf die im theoretischen Teil dieser Studie geschilderten, diskrepanten Narrative der Krise und des Aufbruchs im Journalismus, haben die Literaturrecherche und die Analyse der Interviews gezeigt, dass sich die beiden Pole in der Praxis in keinster Weise widersprechen. Zukünftig wird das Aufbruchsnarrativ von Relevanz sein: „[W]enn man sich diesen Strukturwandel aufschließt und ihn als Chance begreift und nicht als Risiko, dann bietet er die Möglichkeit, sehr, sehr guten Journalismus auch in Zukunft zu liefern."[213]

---

[212] Weichert/Kramp/Welker: Die Zeitungsmacher, S. 22.
[213] CK, 2015, S. 1.

Damit *Krautreporter* ein Modell für den Journalismus der Zukunft sein kann, ist die Entwicklung einer starken Marke und inhaltlichen Spezialisierung essentiell.[214] Derart argumentieren auch die Medienforscher Weichert und Kramp in Zusammenarbeit mit Alexander von Streit: „So funktioniert ein Neuanfang: Von 1000 Projekten mögen 900 misslingen, 50 vielleicht einige Jahre existieren und fünf haben vielleicht Potenzial, das Äquivalent der *New York Times* im Netz zu werden."[215]

Auf Basis der Untersuchungen dieser Studie wird, wie im Zwischenfazit vorweggenommen, die grundlegende These falsifiziert: Als reines Online-Medium können die *Krautreporter nicht* disruptiv sein und handeln, weil ihr Anspruch ein anderer ist als ihn die etablierten Nachrichten-Websites verfolgen. Für ein kommerziell-disruptives Modell, das den Online-Journalismus nachhaltig verändern könnte, reicht die Profilierung von Inhalt und Marke bisher nicht aus.

Das Geschäftsmodell kann jedoch insofern eine Vorbildfunktion für die Branche einnehmen, als sie ihr Profil zukünftig schärfen und auf der Grundlage einer soliden und loyalen Mitgliederanzahl, die hintergründigen Geschichten liefern würden, die sie von Beginn an zu ihrem USP auszubauen planten. Das Genossenschaftsmodell könnte einen Beitrag dazu leisten.

Immerhin sind sie mit ihrer Gründungsgeschichte ein Vorbild für andere journalistische Start-Ups gewesen sowie durch die Aufmerksamkeit, die ihnen zuteil wurde ein Weckruf für die gesamte Branche: „Es gibt ganz viele Geschäftsmodelle [...]. Deswegen ist die Aussage einfach nicht richtig, dass man im Internet kein Geld verdienen kann mit Journalismus. Im Gegenteil."[216]

Ausblick

Die Tagung „Besser Online" des Deutschen Journalisten-Verbands (DJV) vom 21. September 2015 gab zuletzt das wohl aktuellste Stimmungsbild der Branche wieder. Unter anderem wurden Bezahlmodelle vorgestellt und zur Diskussion gestellt, deren Fazit sich mit dem Christoph Keeses deckt. Von euphorischen Er-

---

[214] Vgl. Weichert/Kramp/von Streit: Digitale Mediapolis, S. 62 ff..
[215] Zitiert nach David Cohn, in: Weichert/Kramp/von Streit: Digitale Mediapolis, a.a.O..
[216] CK, 2015, S. 10.

fahrungsberichten hätten sich die Teilnehmer zwar distanziert, dennoch sei eine Art Aufbruchsstimmung spürbar gewesen, die Marten Blankensteijn von *Blendle* wie folgt erklärte:

>„Seine Generation habe viele Jahre nicht eingesehen, für Musik zu zahlen [...]. Jetzt würden die gleichen Leute sagen: Natürlich zahle ich für Musik - über Streaming Dienste wie Spotify oder Napster oder durch das Downloaden bei Itunes und Co. So, hofft Blankensteijn, wird es auch in zehn Jahren sein: Dann wird es im Gegensatz zu heute ganz selbstverständlich sein, für Journalismus zu zahlen. In welcher Form wir dann journalistische Inhalte nutzen und wie wir sie bezahlen, sei dabei noch nicht abzusehen - aber neue Ideen kämen gerade fast täglich auf den Tisch."[217]

Krautreporter gehört zu diesen Ideen und schafft mit seinem Geschäftsmodell punktuell zukunftsweisende Potenziale, die im besten Fall *nicht* erst in zehn Jahren auch eine finanziell rentable Leserschaft erreichen werden.

Bis dahin scheint sich das Projekt dem Wettbewerbsdruck erst einmal anpassen zu müssen, was die neuesten Ankündigungen von Geschäftsführer Esser im September 2015 bestätigten: Der wichtigste Aspekt ist die Entwicklung einer Art durchlässigen Paywall, hinter der nur Mitglieder befugt sind, Beiträge zu sehen und zu teilen.[218] Geteilte Artikel sind für Nutzer, die nicht *Krautreporter*-Mitglied sind, 48 Stunden lang freigeschaltet. Als Gründe für die Änderung nennen die Geschäftsführer das geplante Wachstum des Unternehmens sowie das „Trittbrettfahrerproblem": „Viele Mitglieder haben uns im Lauf des vergangenen Jahres gefragt, warum sie für etwas zahlen sollen, was andere kostenlos erhalten."[219] Tatsächlich war die Website seit der Gründung auch für Nicht-Mitglieder frei zugänglich und die Unterstützer profitierten ausschließlich von Zusatzleistungen wie Veranstaltungen etc.. „Der Zugang zu unseren Geschichten soll in Zukunft das

---

[217] Wassink, Ella: DJV-Tagung „Besser Online" macht Mut. Aufbruchsstimmung und neue Ideen, 21.09.2015, in: http://www.djv.de/startseite/service/blogs-und-intranet/djv-blog/detail/article/-21c0ebae7c.html (Zugriff am 25.09.2015).
[218] Esser, Sebastian/Schwörbel, Philipp: Liebe Krautreporter-Mitglieder, 11.09.2015, in: https://krautreporter.de/966--liebe-krautreporter-mitglieder (Zugriff am 17.09.2015).
[219] Esser/Schwörbel: Liebe Krautreporter-Mitglieder, a.a.O..

wichtigste Privileg sein."[220] Demnach könnte die Paywall als eine logische Konsequenz aus dem Abo-Modell betrachtet werden und als Chance, zahlenden Lesern wirklich etwas für ihr Geld zu bieten. Sie könnte aber auch ein Zeichen dafür sein, dass die *Krautreporter* in Zukunft weiter an Aufmerksamkeit verlieren und in der Bedeutungslosigkeit verschwinden werden.[221] Auch der Umstand, dass eine App in Planung ist, wird erst einmal nicht über inhaltliche Mängel hinwegtäuschen.

Nach einem „Journalismus für alle" sieht es nicht aus, zugegeben aber danach, als hätten sich die Geschäftsführer endgültig von ihrem ursprünglichen Ansatz, den Journalismus revolutionieren zu wollen, verabschiedet, und, im positiven Sinne zu einem zähen, flexiblen Experiment mit Potenzial entwickelt: „Wie immer: Es ist ein Versuch. Wir wollen ausprobieren, ob *Krautreporter* dadurch gewinnt."[222]

---

[220] Esser/Schwörbel: Liebe Krautreporter-Mitglieder, a.a.O..
[221] Vgl. Schütz, Volker: Auf dem Weg ins Nichts?, 14.09.2015, in: http://www.horizont.net/medien/kommentare/Krautreporter-Auf-dem-Weg-ins-Nichts-136343 (Zugriff am 17.09.2015).
[222] Esser/Schwörbel: Liebe Krautreporter-Mitglieder, a.a.O..

6 Quellenverzeichnis
6.1 Sekundärliteratur

Daniel, Matthias: Spiegel Online wird wieder cool, in: journalist, Jg. 65, Heft 6 (2015).

Jakubetz, Christian: Crossmedia, Praktischer Journalismus, Bd. 80, 2. Aufl., Konstanz 2011.

Kotler, Philip/Berger, Roland/Rickhoff, Nils: The Quintessence of Strategic Management. What You Really Need to Know to Survive in Business, Heidelberg 2010, S. 6.

Meier, Christian: Wer zahlt wofür - Geschäftsmodelle im Internet, in: Alles. Jederzeit. Überall. Zeitung online und mobil - zum Stand der Dinge, hrsg. von Anja Pasquay, Berlin 2009.

Meyen, Michael / Riesmeyer, Claudia: Diktatur des Publikums. Journalisten in Deutschland, Konstanz 2009.

Pelz, Waldemar: Strategisches und Operatives Marketing. Ein Leitfaden zur Erstellung eines professionellen Marketing-Plans, Norderstedt 2004.

Simons, Anton: Journalismus 2.0, Praktischer Journalismus, Bd. 84, Konstanz 2011.

Sjurts, Insa: Strategien in der Medienbranche. Grundlagen und Fallbeispiele, 3. Aufl., Wiesbaden 2005.

Social Media, Medienkonvergenz und starke Marken - Medienbranche im Umbruch, hrsg. von Uwe C. Swoboda, Bd. 3, Ostfildern 2010 (Buchreihe MEDIEN).

Stöcker, Christian: Social-Network-Magazin Flipboard: Freunde fürs Lesen, 22.07.2010, in: http://www.spiegel.de/netzwelt/web/social-network-magazin-flipboard-freunde-fuers-lesen-a-707747.html (Zugriff am 24.08.2015)

Weichert, Stephan / Kramp, Leif / von Streit, Alexander: Digitale Mediapolis. Die neue Öffentlichkeit im Internet, Köln 2010.

Weichert, Stephan / Kramp, Leif / Welker, Martin: Die Zeitungsmacher. Aufbruch in die digitale Moderne, Wiesbaden 2015.

6.2 Internetquellen

Altrogge, Georg: Der Spiegel vor der Zerreißprobe – wer ist der Chef an er Ericusspitze?, 20.08.2014, in: http://meedia.de/2014/08/20/der-spiegel-vor-der-zerreissprobe-wer-ist-der-chef-an-der-ericusspitze/ (Zugriff am 28.08.2015).

Axel Springer SE (Hrsg.): Axel Springer investiert im ersten Halbjahr in digitales Wachstum, 04.08.2015, in: http://www.axelspringer.de/presse/Axel-Springer-investiert-im-ersten-Halbjahr-in-digitales-Wachstum_24078678.html (Zugriff am 24.08.2015).

Axel Springer SE (Hrsg.): Axel Springer richtet sich konsequent als digitaler Verlag aus, 11.12.2013, in: http://www.axelspringer.de/presse/Axel-Springer-richtet-sich-konsequent-als-digitaler-Verlag-aus_19655813.html (Zugriff am 01.09.2015).

Axel Springer SE (Hrsg.): Funke Mediengruppe übernimmt Regionalzeitungen und Teile des Zeitschriftenportfolios von Axel Springer, 25.07.2013, in: http://www.axelspringer.de/presse/FUNKE-MEDIENGRUPPE-uebernimmt-Regionalzeitungen-und-Teile-des-Zeitschriftenportfolios-von-Axel-Springer-Gruendung-von-Gemeinschaftsunternehmen-fuer-Anzeigenvermarktung-und-Vertrieb_18994020.html (Zugriff am 24.08.2015).

Axel Springer SE (Hrsg.): Unternehmen. Axel Springer Plug and Play Accelerator, 2015, in: https://www.axelspringer.de/artikel/Axel-Springer-Plug-and-Play-Accelerator_21224965.html (Zugriff am 03.09.2015).

Axel Springer SE (Hrsg.): Unsere „Homepage". Was wir sind und was wir wollen, 09.12.2013, in: http://www.axelspringer.de/downloads/21/16537145/Axel_Springer_Homepage_DE.pdf (Zugriff am 01.09.2015).

Biermann, Kai/Ströbele, Carolin: Die Kraut, die sich traut, 13.06.2014, in; http://www.zeit.de/kultur/2014-06/krautreporter-journalismus-selbstkritik (Zugriff am 07.09.2015).

Brandt, Mathias: 106 deutsche Zeitungen setzen auf Paywalls, 07.04.2015, hrsg. von Statista, in: http://de.statista.com/infografik/1239/deutsche-zeitungen-mit-paywall/ (Zugriff am 25.08.2015). Eine Übersicht deutscher Zeitungen, die

Paywall-Modelle anwenden, liefert der BDZV in: http://www.bdzv.de/maerkte-und-daten/digitales/paidcontent/ (Zugriff am 25.08.2015).

Bröckerhoff, Daniel: Mutig und kreativ: Independent-Magazine, 17.09.2015, in: http://www.ndr.de/fernsehen/sendungen/zapp/Mutig-und-kreativ-Independent-Magazine,magazine100.html (Zugriff am 04.09.2015).

Burgard-Arp, Nora: Paywall, Leser-Dialog und „Langstrecke": die Digitalstrategie der Süddeutschen Zeitung, 02.03.2015, in: http://meedia.de/2015/03/02/paywall-neuer-leserdialog-und-langstrecke-die-digitalstrategie-der-sueddeutschen-zeitung/ (Zugriff am 01.09.2015).

Burgard-Arp, Nora: Der Journalismus und die Crowd: Die 8 spannendsten Projekte, 05.08.2014, in: http://meedia.de/2014/08/05/der-journalismus-und-die-crowd-die-8-spannendsten-projekte/ (Zugriff am 07.09.2015).

Crowdfunding.de (Hrsg.): Crowdfunding Plattformen, 2015, in: http://www.crowdfunding.de/plattformen/ (Zugriff am 04.09.2015).

Crowdfunding.de (Hrsg.): Was ist Crowdfunding? Definition & Erklärung, in: http://www.crowdfunding.de/was-ist-crowdfunding/ (Zugriff am 04.09.2015).

Denk, David: Was ihr wollt, 22.10.2014, in: http://www.sueddeutsche.de/medien/online-magazin-krautreporter-was-ihr-wollt-1.2184232 (Zugriff am 07.09.2015).

Derkzen, Sophie: Die Leser bezahlen ihre eigenen Korrespondenten, 16.04.2013, in: http://www.zeit.de/kultur/2013-04/online-magazin-de-correspondent (Zugriff am 04.09.2015).

Deutscher Presserat (Hrsg.): Der Pressekodex, 2015, in: http://www.presserat.de/pressekodex/pressekodex/ (Zugriff am 07.09.2015).

Esser, Sebastian: Bleibst du Krautreporter?, 20.06.2015, in: https://krautreporter.de/767--bleibst-du-krautreporter (Zugriff am 09.09.2015).

Fichter, Alina: Zwei Welten, 20.03.2014, in: http://www.zeit.de/2014/13/sueddeutsche-zeitung-ploechinger (Zugriff am 24.08.2015).

Franklin, Bob: The Future of Journalism, in: Journalism Studies 13 (2012), Nr. 5-6, S. 663-681.

Freischreiber (Hrsg.): Pressemitteilung. Krautreporter unterschreiben Code of Fairness, in: https://www.freischreiber.de/aktuelle/pressemitteilung-krautreporter-unterschreiben-code-of-fairness/ (Zugriff am 07.09.2015).

Fromme, Claudia/Riehl, Katharina/Tieschky, Claudia: Springer und die Revolutionäre, 24.05.2013, in: http://www.sueddeutsche.de/medien/online-journalismus-springer-und-die-revolutionaere-1.1679572 (Zugriff am 03.09.2015).

Futurezone/dpa: Krautreporter haben 18.000 Mitglieder, 09.06.2015, in: http://futurezone.at/digital-life/krautreporter-haben-18-000-mitglieder/135.112.147 (Zugriff am 07.09.2015).

Giesler, Martin: Instant Articles sind erst der Anfang, 13.05.2015, in: https://medium.com/@martingiesler/instant-articles-sind-erst-der-anfang-cb414964a50a (Zugriff am 27.08.2015).

Google Inc. (Hrsg.): The Digital News Initiative, 2015, in: http://www.digitalnewsinitiative.com/ (Zugriff am 30.08.2015).

Graff, Bernd: Alles oder nichts, 29.01.2013, in: http://www.sueddeutsche.de/medien/crowdfunding-website-krautreporterde-alles-oder-nichts-1.1585632 (Zugriff am 05.09.2015).

Andreas Grieß: Crowdfunding-Boom in Deutschland, 26.06.2014, hrsg. von Statista, in: http://de.statista.com/infografik/2399/crowdfunding-finanzierte-projekte-und-eingesammeltes-geld-pro-quartal/ (Zugriff am 27.09.2015).

Hardt, Maria-Xenia: Projekt „Krautreporter" kann starten. Wahnsinn – und jetzt ihr, 13.06.2014, in: http://www.faz.net/aktuell/feuilleton/projekt-krautreporter-kann-starten-wahnsinn-und-jetzt-ihr-12988596.html (Zugriff am 07.09.2015).

IVW (Hrsg.): Bild.de. Online, Zeitraum 07/2015, 2015, in: http://ausweisung.ivw-online.de/index.php?i=1161&a=o22821 (Zugriff am 03.09.2015).

IVW (Hrsg.): BILD/B.Z. Deutschland Gesamt (Mo-Sa), Quartalsauflage 02/2015, 2015, in: http://www.ivw.eu/aw/print/qa/titel/7110 (Zugriff am 03.09.2015).

IVW (Hrsg.): DIE WELT Gesamt (DIE WELT + WELT Kompakt) / WELT am SONNTAG Gesamt (WamS + WamS Kompakt) (Mo+Fr+So), Quartalsauflage 02/2015, 2015, in: http://www.ivw.eu/aw/print/qa/titel/8844 (Zugriff am 03.09.2015).

IVW (Hrsg.): Süddeutsche Zeitung (Mo-Sa). Quartalsauflage 02/15, 2015, in: http://www.ivw.eu/aw/print/qa/titel/1221 / (Zugriff am 01.09.2015).

IVW (Hrsg.): Süddeutsche.de. Online, Zeitraum 07/15, 2015, in: http://ausweisung.ivwonline.de/index.php?i=1161&mz_szm=201507&a=o22944&kat1=0&kat2=0&kat3=0&kat4=0&kat5=0&kat6=0&kat7=0&kat8=0&mz1=0&mz2=0&mz3=0&sid= (Zugriff am 03.09.2015).

Jakubetz, Christian: Christian Jakubetz zum Start von „Krautreporter": „Was zu erwarten war", 24.10.2014, in: http://www.newsroom.de/news/detail/822406 (Zugriff am 10.09.2015).

Jakubetz, Christian: Ernüchterungs-Zelle, 17.06.2015, in: http://www.blog-cj.de/blog/2015/06/17/krautreporter-in-der-ernuechterungs-zelle/ (Zugriff am 07.09.2015).

Jakubetz, Christian: Hoffnungsschimmer und Trümmer, 04.12.2014, in: http://www.newsroom.de/news/detail/824635 (Zugriff am 21.08.2015).

Krei, Alexander: Springer kündigt Veränderungen an. „Bild"-Berlin und" B.Z." mit gemeinsamer Redaktion, 24.07.2013, in: http://www.dwdl.de/nachrichten/41808/bildberlin_und_bz_mit_gemeinsamer_redaktion/ (Zugriff am 03.09.2015).

Kramp, Leif/Weichert, Stephan: Innovationsreport Journalismus. Ökonomische, medienpolitische und handwerkliche Faktoren im Wandel, hrsg. von der Friedrich-Ebert-Stiftung Politische Akademie Medienpolitik, Bonn 2012, S. 22.

Krautreporter (Hrsg.): Über uns, 2014, in: https://krautreporter.de/pages/ueber_uns (Zugriff am 04.09.2015).

Krautreporter (Hrsg.): Gemeinsam unabhängigen Journalismus ermöglichen. Wir gründen eine Genossenschaft, 2015, in: http://genossenschaft.krautreporter.de/ (Zugriff am 07.09.2015). Weitere Investitionsplanungen in: http://genossenschaft.krautreporter.de/finanzen (Zugriff am 07.09.2015).

Kumar, Vineet/Anand, Bharat/Gupta, Sunil/Oberholz-Gee, Felix: The New York Times Paywall, 01/2013, hrsg. von Harvard Business School Case 512-077, 2. Aufl., u.O., in: http://www.hbs.edu/faculty/Pages/item.aspx?num=41513 (Zugriff am 25.08.2015).

Lohmeyer, Karsten: Na dann Huffington Prost! Der erste Blogger-Dialog der Huffington Post Deutschland, 11.012.2013, in: http://www.lousypennies.de/2013/12/11/na-dann-huffingtonprost-der-erste-blogger-dialog-der-huffington-post-deutschland/ (Zugriff am 31.08.2015).

Lubik, Oliver: Das Ende der Musikindustrie – oder die digitale Revolution, 2008, in: https://www.hdm-stuttgart.de/~curdt/Lubik.pdf (Zugriff am 12.08.2015), S. 13.

Mantel, Uwe: Überraschender Deal in Berlin. Zusammenführung mit der „Welt": Springer kauft N24, 09.12.2013, in: http://www.dwdl.de/nachrichten/43830/zusammenfuehrung_mit_der_welt_springer_kauft_n24/ (Zugriff am 03.09.2015).

Martschenko, Maren: Krautreporter – eine Marke wie Kraut und Rüben, 26.06.2015, in: http://zehnbar.de/blog/2015/06/krautreporter-eine-marke-wie-kraut-und-rueben/ (Zugriff am 07.09.2015).

Moses, Lucia: How The New York Times finds new subscribers on Facebook, 02.07.2015, in: https://digiday.com/publishers/new-york-times-finds-new-subscribers-facebook/ (Zugriff am 31.08.2015).

netzwerk recherche e.V. (Hrsg.): Initiative Nonprofit-Journalismus Deutschland, 2014, in: https://netzwerkrecherche.org/nonprofit/initiative-nonprofit-journalismus-deutschland/ (Zugriff am 30.08.2015).

Neuberger, Christoph: Unabhängigkeit oder Gesinnungsjournalismus? 24.10.2014, in: http://www.zeit.de/kultur/2014-10/krautreporter-journalismus-christoph-neuberger (Zugriff am 10.09.2015).

Niggemeier, Stefan: In eigener Sache. Die Krautreporter und ich, 17.06.2015, in: http://www.stefan-niggemeier.de/blog/21340/in-eigener-sache-die-krautreporter-und-ich/ (Zugriff am 10.09.2015).

Niggemeier, Stefan: Was „Krautreporter" mit „True Detective" zu tun hat, 13.05.2014, in: http://www.stefan-niggemeier.de/blog/17931/was-krautreporter-mit-truedetective-zu-tun-hat/ (Zugriff am 05.09.2015).

Panzarino, Matthew: NYT Resorts To Bypassing DNS Servers Amid Potential Hacking, WJS Drops Its Paywall To Capitalize, 27.08.2013, in: http://techcrunch.com/2013/08/27/nyt-resorts-to-bypassing-dns-servers-amid-potential-hacking-wsj-drops-its-paywall-to-capitalize/ (Zugriff am 26.08.2015).

Plöchinger, Stefan: Unsere neue Seite. Schöner, schlichter, besser, 02.01.2012, in: http://www.sueddeutsche.de/kolumne/unsere-neue-seite-schoener-schlichter-besser-1.1246740 (Zugriff am 31.08.2015).

Plotz, David: 76 Ways to Make Money in Digital Media, 29.08.2014, in: http://www.slate.com/blogs/moneybox/2014/08/29/_76_ways_to_make_money_in_digital_media_a_list_from_slate_s_former_editor.html (Zugriff am 25.08.2015).

Riordan, Kellie: Does journalism still require impartiality?, 05.09.2014, in: http://www.theguardian.com/commentisfree/2014/sep/05/does-journalism-still-require-impartiality?CMP=twt_gu (Zugriff am 10.09.2015).

Sawall, Achim: Welt und Bild. Axel Springer hat 320.000 zahlende Digital-Abonnenten, 14.04.2015, in: http://www.golem.de/news/welt-und-bild-axel-springer-hat-320-000-zahlende-digital-abonnenten-1504-113493.html (Zugriff am 03.09.2015).

Schade, Marvin: Social Media first: Chefredakteur Michael Bröcker über den digitalen Kulturwandel bei der Rheinischen Post, 15.09.2015, in: http://meedia.de/2015/09/15/social-media-first-chefredakteur-michael-broecker-ueber-den-digitalen-kulturwandel-bei-der-rheinischen-post/ (Zugriff am 16.09.2015).

Schonfeld, Erick: The Times UK lost 4 Million Readers To Its Paywall Experiment, 02.11.2010, in: http://techcrunch.com/2010/11/02/times-paywall-4-million-readers/ (Zugriff am 26.08.2015).

Schütz, Volker: Auf dem Weg ins Nichts?, 14.09.2015, in: http://www.horizont.net/medien/kommentare/Krautreporter-Auf-dem-Weg-ins-Nichts-136343 (Zugriff am 17.09.2015).

Simon, Ulrike: Warum Redaktionen fusioniert werden, in: medium magazin, Nr. 4/5 (2012), S. 28.

Springer Gabler Verlag (Hrsg.): Gabler Wirtschaftslexikon, Stichwort: Web 2.0, online im Internet: http://wirtschaftslexikon.gabler.de/Archiv/80667/web-2-0-v9.html (Zugriff am 13.08.2015).

Springer Gabler Verlag (Hrsg.): Gabler Wirtschaftslexikon, Stichwort: Soziale Medien, online im Internet:

http://wirtschaftslexikon.gabler.de/Archiv/569839/soziale-medien-v4.html (Zugriff am 13.08.2015).

Stadtlich, Sinje: Native Ads: Werbung oder Journalismus?, 04.12.2013, hrsg. von NDR/ZAPP, in: https://www.ndr.de/nachrichten/netzwelt/Native-Ads-Werbung-oder-Journalismus,onlinewerbung101.html (Zugriff am 27.08.2015).

Starbuck, William H.: Organizations as acting generators, in: American Sociological Review, Nr. 48, 1983, S. 91-102, in:

http://pages.stern.nyu.edu/~wstarbuc/Actgens.htm (Zugriff am 08.09.2015).

Statistiken zum Thema Crowdfunding, hrsg. von Statista, in: de.statista.com/themen/1531/crowdfunding/ (Zugriff am 04.09.2015).

Statista (Hrsg.): Ranking der Top 20 Zeitungsportale nach der Anzahl der Besucher in Deutschland im September 2013 (in 1.000), 2015, in:

http://de.statista.com/statistik/daten/studie/13032/umfrage/anzahl-der-nutzer-von-online-tageszeitungen-in-deutschland/ (Zugriff am 04.09.2015).

Süddeutscher Verlag (Hrsg.): Portrait. Unternehmensleitbild, in: http://www.sueddeutscher-verlag.de/info/facts/portrait (Zugriff am 31.08.2015).

taz/dpa: Google trickst sie alle aus, 21.06.2013, in: http://www.taz.de/!5064771/ (Zugriff am 25.08.2015).

Tutmann, Linda: Die besten Geschichten, jeden Tag!, 09.03.2014, in: http://www.zeit.de/2014/10/correspondent-wijnberg-digitales-magazin (Zugriff am 05.09.2015).

Ürük, Bülend: Axel Springer baut um: „AutoBild"-Fotoexperten müssen gehen, 10.08.2015, in: https://kress.de/tagesdienst/detail/beitrag/132295-axel-springer-baut-um-auto-bild-fotoexperten-muessen-gehen.html (Zugriff am 14.08.2015).

Wassink, Ella: DJV-Tagung „Besser Online" macht Mut. Aufbruchsstimmung und neue Ideen, 21.09.2015, in: http://www.djv.de/startseite/service/blogs-und-intranet/djv-blog/detail/article/-21c0ebae7c.html (Zugriff am 25.09.2015).

Weber, Silke: „Wir brauchen 6000 Mitglieder, um weitermachen zu können", in: journalist, Nr. 6 (2015), in:

http://www.journalist.de/aktuelles/meldungen/krautreporter-wir-brauchen-6000-mitglieder-um-weitermachen-zu-koennen.html (Zugriff am 09.09.2015).

WeltN24 GmbH (Hrsg.): In eigener Sache. Große europäische Zeitungen bilden eine Allianz, 10.03.2015, in: http://www.welt.de/kultur/article138254736/Grosse-europaeische-Zeitungen-bildenN-eine-Allianz.html (Zugriff am 30.08.2015).

Winterbauer, Stefan: 5 Dinge, die Verlage über Facebooks Instant Articles wissen sollten, 21.05.2015, in: http://meedia.de/2015/05/21/5-dinge-die-verlage-ueber-facebooks-instant-articles-wissen-sollten/ (Zugriff am 27.08.2015).

Winterbauer, Stefan: Wichtigstes Projekt seit der Bild-Zeitung: Was Upday für Axel Springer bedeutet, 03.09.2015, in: http://meedia.de/2015/09/03/wichtigstes-projekt-seit-der-bild-zeitung-was-upday-fuer-axel-springer-bedeutet/ (Zugriff am 04.09.2015).

Wüllner, Daniel: Ihre SZ. Lassen Sie uns diskutieren, 21.01.2015, in: http://www.sueddeutsche.de/kolumne/ihre-sz-lassen-sie-uns-diskutieren-1.2095271 (Zugriff am 01.09.2015).

6.3 Weiterführende Links

Auflagentabellen des Verbandes Deutscher Zeitschriftenverleger (VDZ) (Hrsg.): Print wirkt. Auflagentabelle Quartal 2/2015 Gesamtauswahl, in: http://www.printwirkt.de/pw-auflagen/ (Zugriff am 24.08.2015).

Bundesministerium der Justiz und für Verbraucherschutz (Hrsg.): Gesetz über Urheberrecht und verwandte Schutzrechte (Urheberrechtsgesetz). Abschnitt 7. Schutz des Presseverlegers. http://www.gesetze-im-internet.de/urhg/BJNR012730965.html (Zugriff am 25.09.2015).

Freischreiber (Hrsg.): Code of Fairness, in: http://www.freischreiber.de/positionen/code-of-fairness/, a.a.O.. (Zugriff am 07.09.2015).

Goodman, Steven/Ritzel, Lukas/van der Schaar, Cem: Native Advertising. Das Trojanische Pferd der Marketing Strategen um das ultimative Gewinnmodell, Hamburg 2013, S. 24.

Iris Chyi, Hsiang / Lewis, Seth C. / Zheng, Nan: A Matter of Life and Death? Examining the Quality of Newspaper Coverage on the Newspaper Crisis. Journalism Studies. Auszug in: http://conservancy.umn.edu/bitstream/handle/11299/123352/Newspaper%20Crisis%20-%20preprint%202012.pdf?sequence=1 (Zugriff am 13.08.2015).

Kohlmaier, Matthias: Streit, Streit und noch mehr Streit, 04.12.2014, in: http://www.sueddeutsche.de/medien/der-spiegel-unter-wolfgang-buechner-streit-streit-und-noch-mehr-streit-1.2140673 (Zugriff am 28.08.2015).

Scharrer, Jürgen: Christoph Keese: „Die richtige Disruption kommt erst noch", 10.10.2014, in: http://www.horizont.net/medien/nachrichten/Axel-Springer-Christoph-Keese-Die-richtige-Disruption-kommt-erst-noch-130828 (Zugriff am 17.09.2015).

Tißler, Jan: Paid Content: Perfekte Bezahlschranke gesucht, in: http://upload-magazin.de/blog/7980-paid-content-bezahlschranken/ (Zugriff am 26.08.2015).

„Das Interview mit Angela Merkel - #NetzFragtMerkel", 13.07.2015, in: www.youtube.com/watch?v=5OemiOryt3c (Zugriff am 28.08.2015)

7 Anhang

7.1 Leitfaden zum Interview mit Philipp Schwörbel, Gründer und Geschäftsführer von *Krautreporter*

Zum Geschäftsmodell von „Krautreporter":

Würden Sie das Geschäftsmodell von *Krautreporter* als disruptiv bezeichnen, in dem Sinne, dass es bestehende Branchenstrukturen vom unteren Ende des Marktes aus angreift und möglicherweise sogar ersetzen könnte?

Inwieweit würden Sie Ihren Journalismus als Gemeinschaftserlebnis zwischen Lesern und Journalisten bezeichnen?

Wieso muss der Journalismus über Nutzerbeteiligung 2.0, das heißt Kommentare und Diskussionsforen, hinausgehen?

Von der Marketing-Perspektive aus betrachtet: Wie würden Sie den USP von *Krautreporter* beschreiben?

Einer Ihrer Grundsätze lautet „Keine Werbung". Werden Sie auch in Zukunft auf bezahlte Anzeigen verzichten bzw. verzichten *können*?

Wie stehen Sie als Unternehmen zu neuartigen Formen der Generierung von Reichweite und Erlösen, wie Native Advertising und Facebooks Instant Articles?

Zur Beziehung zum Leser:

Communitybasierter Journalismus hängt eng mit einem Service- und Dienstleistungsgedanken zusammen. Inwiefern können Ihre Redakteure und Autoren noch *ihnen* gesellschaftspolitisch relevant erscheinende Themen setzen, wenn gleichzeitig die aktuellen Bedürfnisse der Leser/User befriedigt werden müssen?

Sie beziehen Ihre Crowd auch in Ihre Recherchen mit ein, indem Sie sie nach Interessen und Erfahrungen filtern und dann gezielt zu bestimmten Themen anfragen.
Hat sich diese Zusammenarbeit von Redaktion und Leser als produktiv herausgestellt? Wie intensiv ist der Rücklauf auf derartige Anfragen?

Sie stehen als Redaktion für Werte wie Vertrauen, Sicherheit, Verantwortung und Treue. Inwiefern haben diese Einfluss auf den Umgang mit Leser-Daten?

Erwarten Sie dieselben Wertvorstellungen auch von Ihren Mitgliedern und Lesern?

Liefert *Krautreporter* neue Formate, Inhalte und Sichtweisen, die *Spiegel Online* und *Süddeutsche.de* nicht bereitstellen bzw. bereitstellen *können*?

Wenn Sie Chefredakteur von *Spiegel Online* oder *Süddeutsche.de* wären, was würden Sie ändern (Stichworte: redaktionelle Struktur, Inhalte, Bezahlsysteme)?

Zur Zukunft des Online-Journalismus:

Wie sehen Sie im Allgemeinen die Zukunft des Online-Journalismus?

Wie würden Sie den Leser der Zukunft beschreiben?

Was bedeutet in dieser Zukunft - für Sie persönlich, und die Marke, für die Sie stehen - Erfolg?

Welche Geschichten und Formate sind bei *Krautreporter* am erfolgreichsten?

Sie arbeiten als Redaktion häufig crossmedial, also über mehrere, inhaltlich und gestalterisch verknüpfte Kanäle. Wie würden Sie Ihre Crossmedia-Strategie beschreiben und wie charakterisieren Sie den Nutzen dieser Arbeitsweise im Allgemeinen?

Sie sind zudem Gründer und Herausgeber der „Prenzlauer Berg Nachrichten" (PNB), einer unabhängigen Lokalzeitung, die sich wie „Krautreporter" durch ihre Mitglieder finanziert. Wie unterscheidet sich diese hyperlokale Arbeit von der überregionalen der *Krautreporter*?

Auf der Basis Ihrer Erfahrungen mit den PNB und „Krautreporter": Welche Bedeutung werden crowdfinanzierte Geschäftsmodelle für die Zukunft des Online-Journalismus haben?

Haben die strukturellen Veränderungen im Online-Journalismus zu einem Professionalisierungsschub in der Branche geführt?

In ihrer Essaysammlung „Dialektik der Aufklärung" prangerten die Philosophen Max Horkheimer und Theodor W. Adorno den Umstand an, dass durch kultur*industrielle* Produkte alle Kultur zur Ware würde. Auch im Journalismus erleben wir nun Veränderungen, mit denen der Eindruck entsteht, journalistische Produkte würden allein für die Bedürfnisse des Marktes produziert. Treten dadurch nichtmarktgängige Themen in den Hintergrund?

In der Debatte um das Leistungsschutzrecht 2013 sahen viele Verlage in dem neuen Gesetz die für sie einzig wirksame Überlebensstrategie in Zeiten der Krise. Zugleich distanzierten sie sich von alternativen Finanzierungsmodellen wie Crowdfunding oder Stiftungen. Ist diese Einstellung im Jahr 2015 noch vertretbar?

Was bedeutet für Sie „Qualitätsjournalismus"?

Werden die „Flaggschiffe" des Journalismus, zu denen auch *Spiegel Online* und *Süddeutsche.de* gehören, den häufig zitierten „Qualitätsjournalismus" retten können? Wird ihnen dies alleine gelingen?

Die deutsche Meinungsforscherin Renate Köcher identifizierte 2009 für die Medienbranche einen Trend hin zu „Brot und Spielen". Sie prognostizierte damit eine zunehmende Boulevardisierung der Presse, die sich durch Komplexitätsreduktion, Skandalisierung sowie vermehrt emotionale und Personality-Geschichten auszeichnen würde. Können Sie diesen Trend bestätigen?

Zum Beruf des Journalisten:

Journalisten wurden im Laufe der Zeit verschiedenste andere Konnotationen zugeordnet, vom Künstler über den Parteigänger bis zum Service-Dienstleister. Wie sehen Sie sich selbst als Journalist?

Welche Kompetenzen müssen Journalisten im Zeitalter von Auflagenverlusten sowie personellen und finanziellen Kürzungen stärken? Inwieweit gehen Sie über das rein journalistische Handwerk hinaus?

Bleibt die Gatekeeper-Funktion der Journalisten, angesichts der Fülle und Bandbreite an Informationen im digitalen Zeitalter, bestehen? Welche Rolle wird sie künftig spielen?

Welche Kompetenzen ihrer journalistischen Mitarbeiter müssen Verleger künftig stärken? Welche Geschäftsfelder müssen sie notwendigerweise ausbauen bzw. wo müssen sie investieren?

Sie beabsichtigen, nach der zweiten erfolgreichen Finanzierungsphase, die *Krautreporter*-GmbH in eine Genossenschaft umzuwandeln. Welche Vorteile hat dieses Modell, das auch die *taz* seit Langem betreibt?

Welche weiteren organisationalen Ziele verfolgt *Krautreporter*? Ist etwa eine Print-Ausgabe in Planung?

7.2 Leitfaden zum Interview mit Stefan Plöchinger, Chefredakteur von *Süddeutsche.de* und Mitglied der Chefredaktion der *Süddeutschen Zeitung*

Zu journalistischen Geschäftsmodellen im Vergleich:

Stichwort Paywall: Seit Ende März dieses Jahres müssen die Leser von *Süddeutsche.de* ab einer bestimmten Anzahl von Artikeln bezahlen. Was waren die ökonomischen Gründe für diese Entscheidung und wie stehen Sie als Journalist und Redakteure dazu?

Als Chefredakteur von *Süddeutsche.de* sind Sie erst kürzlich auch in die Chefredaktion der Print-Ausgabe aufgestiegen. Eine Entscheidung, gegen die sich einige Print-Kollegen zunächst wehrten. Was waren ihre Vorbehalte und mit welchen Argumenten konnten sie schließlich überzeugt werden? Hat sich die Einstellung der Kollegen durch die Einführung der Paywall geändert?

Inwiefern beeinflusst die Paywall die redaktionelle Arbeit bei *Süddeutsche.de*?

Wie sehen Sie die strukturelle Zukunft in der Chefredaktion der *Süddeutschen Zeitung*? Wäre ein Modell, wie es der *Spiegel* gefahren hat und wie es die *Welt* in voller Konsequenz praktiziert, also eine Zusammenlegung von Print- und Online-Chefredaktion mit einem Chefredakteur bzw. Chefredakteursteam, für die *SZ* denkbar?

Fühlen Sie sich durch journalistische Start-Ups wie *Krautreporter* herausgefordert?

Würden Sie das Geschäftsmodell von *Krautreporter* als disruptiv bezeichnen, in dem Sinne, dass es bestehende Branchenstrukturen vom unteren Ende des Marktes aus angreift und möglicherweise sogar ersetzen könnte?

Spiegel Online ist - im Gegensatz zu *Süddeutsche.de* - Teil der Google News Initiative und einer der Partner von Facebooks Dienst Instant Articles. Wie stehen Sie als Unternehmen zu derartigen Formen der Generierung von Reichweite und Erlösen?

Wie sehen Sie die Zukunft von Native Advertising?

Zur Beziehung zum Leser:

Die Beziehung zum Leser hat sich in den vergangen Jahren maßgeblich verändert. Im Zuge der Digitalisierung und dem damit verbundenen, notwendigen Dialog mit dem Leser bzw. User, sehen sich die Redaktionen zunehmend gezwungen, ihre Arbeit transparenter zu machen. Wie empfinden Sie diese Entwicklung?

Inwieweit würden Sie Ihren Journalismus als Gemeinschaftserlebnis zwischen Lesern und Journalisten bezeichnen?

Wieso muss der Journalismus über Nutzerbeteiligung 2.0, das heißt Kommentare und Diskussionsforen hinausgehen?

Von der Marketing-Perspektive aus betrachtet: Wie würden Sie den USP von *Krautreporter* beschreiben? Was sind die klaren Unterschiede zum USP der *SZ*?

Liefert *Krautreporter* neue Formate, Inhalte und Sichtweisen, die *Süddeutsche.de* nicht bereitstellt bzw. bereitstellen *kann*?

Communitybasierter Journalismus hängt eng mit einem Service- und Dienstleistungsgedanken zusammen. Inwiefern können Ihre Redakteure und Autoren noch ihnen gesellschaftspolitisch relevant erscheinende Themen setzen, wenn gleichzeitig die aktuellen Bedürfnisse der Leser/User befriedigt werden müssen?

Wenn Sie Chefredakteur von *Krautreporter* wären, was würden Sie ändern (redaktionelle Struktur, Inhalte, Bezahlsysteme)?

Zur Zukunft des Online-Journalismus:

Wie sehen Sie die Zukunft des Online-Journalismus?

Wie würden Sie den Leser der Zukunft beschreiben?

Was bedeutet in dieser Zukunft - für Sie persönlich, und die Marke, für die Sie stehen - Erfolg?

Wie charakterisieren Sie den Nutzen von Crossmedia-Strategien?

Haben die strukturellen Veränderungen im Online-Journalismus zu einem Professionalisierungsschub in der Branche geführt?

In ihrer Essaysammlung „Dialektik der Aufklärung" prangerten die Philosophen Max Horkheimer und Theodor W. Adorno den Umstand an, dass durch kultur*industrielle* Produkte alle Kultur zur Ware würde. Auch im Journalismus erleben wir nun Veränderungen, mit denen der Eindruck entsteht, journalistische Produkte würden allein für die Bedürfnisse des Marktes produziert. Treten dadurch nichtmarktgängige Themen in den Hintergrund?

In der Debatte um das Leistungsschutzrecht 2013 sahen viele Verlage in dem neuen Gesetz die für sie einzig wirksame Überlebensstrategie in Zeiten der Krise. Zugleich distanzierten sie sich von alternativen Finanzierungsmodellen wie Crowdfunding oder Stiftungen. Ist diese Einstellung im Jahr 2015 noch vertretbar?

Was bedeutet für Sie „Qualitätsjournalismus"?

Werden die „Flaggschiffe" des Journalismus, zu denen auch *Süddeutsche.de* gehört, den häufig zitierten „Qualitätsjournalismus" retten können? Wird ihnen dies alleine gelingen?

Die deutsche Meinungsforscherin Renate Köcher identifizierte 2009 für die Medienbranche einen Trend hin zu „Brot und Spielen". Sie prognostizierte damit eine zunehmende Boulevardisierung der Presse, die sich durch Komplexitätsreduktion, Skandalisierung sowie vermehrt emotionale und Personality-Geschichten auszeichnen würde. Können Sie diesen Trend bestätigen?

Bild.de und *Focus.de* beweisen, wie man mit Boulevard-Themen auch als klassische Medienmarke erfolgreich sein kann. Marketing-Aspekte spielen dabei häufig eine große Rolle. Wie kann man Ihrer Meinung nach diesem Trend folgen, ohne auf die Selbstbewertung als „Qualitätsmedium" verzichten zu müssen?

Zum Beruf des Journalisten:

Journalisten wurden im Laufe der Zeit verschiedenste andere Konnotationen zugeordnet, vom Künstler über den Parteigänger bis zum Service-Dienstleister. Wie sehen Sie sich selbst als Journalist?

Welche Kompetenzen müssen Journalisten im Zeitalter von Auflagenverlusten sowie personellen und finanziellen Kürzungen stärken? Inwieweit gehen Sie über das rein journalistische Handwerk hinaus?

Bleibt die Gatekeeper-Funktion der Journalisten, angesichts der Fülle und Bandbreite an Informationen im digitalen Zeitalter, bestehen? Welche Rolle wird sie künftig spielen?

Welche Kompetenzen ihrer journalistischen Mitarbeiter müssen Verleger künftig stärken? Welche Geschäftsfelder müssen sie notwendigerweise ausbauen bzw. wo müssen sie investieren?

Welches Geschäftsmodell für den Online-Journalismus hat Ihrer Meinung nach am meisten Potenzial?

7.3 Leitfaden zum Interview mit Christoph Keese, Executive Vice President der Axel Springer SE

Zur Medienkrise und journalistischen Geschäftsmodellen im Vergleich:

Das vom *Spiegel* initiierte Diskussionsforum „Was wäre, wenn?" ergab 2013 ein brancheninternes und externes Stimmungsbild, demnach die Zuversicht überwog, „dass sich der Zeitungsjournalismus unter dem Druck der Digitalisierung neu erfinden und damit auch eine solide Geschäftsgrundlage finden [könne]."
Und auch Sie selbst sagten in einem Interview mit *Horizont*, Sie hätten „noch nie eine so spannende und faszinierende Zeit erlebt wie jetzt".
Wenn viele bereits - positiv - von einem Aufbruch in der Medienbranche sprechen, wieso überwiegt dann immer noch das Bild der Krise?

Im Interview mit *Horizont* sprachen Sie von einer „kreativen Explosion" in der Branche und beschrieben damit den Umstand, dass immer mehr neue journalistische Angebote auf den Markt kommen. Fühlen Sie sich als Verlag durch Start-Ups wie *Krautreporter* herausgefordert?

Würden Sie das Geschäftsmodell von *Krautreporter* als disruptiv bezeichnen, in dem Sinne, dass es bestehende Branchenstrukturen möglicherweise sogar ersetzen könnte?

Im Gegensatz zu anderen deutschen Verlagen ist Axel Springer nicht Teil er Google News Initiative. Stimmen Sie mit Ihrem Kollegen Christopher Lauer überein, der die Investition in einem *Spiegel*-Interview als Witz bezeichnete?

Und ist der aktuelle Stand der Verhandlungen über Facebooks Dienst Instant Articles? *Bild.de* befindet sich nun in der ersten Testphase des Vertriebskanals, angekündigt war jedoch eine schriftliche Vereinbarung über ein Bezahlsystem.

Wie stehen Sie zu Native Advertising?

Zur Beziehung zum Leser:

Im Zuge der Digitalisierung und dem damit verbundenen, notwendigen Dialog mit dem Leser bzw. User, sehen sich die Redaktionen zunehmend gezwungen, ihre Arbeit transparenter zu machen. Wie empfinden Sie diese Entwicklung?

Wieso muss der Journalismus überhaupt über Nutzerbeteiligung 2.0, das heißt Kommentare und Diskussionsforen hinausgehen?

Inwieweit würden Sie Journalismus heutzutage als Gemeinschaftserlebnis zwischen Lesern und Journalisten bezeichnen?

Von der Marketing-Perspektive aus betrachtet: Wie würden Sie den USP von *Krautreporter* beschreiben?

Liefert *Krautreporter* Ihrer Meinung nach neue Formate, Inhalte und Sichtweisen, die etablierte Nachrichten-Websites wie *Süddeutsche.de* und *Spiegel Online* nicht bereitstellen bzw. bereitstellen *können*?

Communitybasierter Journalismus hängt eng mit einem Service- und Dienstleistungsgedanken zusammen. Inwiefern können Ihre Redakteure und Autoren noch ihnen gesellschaftspolitisch relevant erscheinende Themen setzen, wenn gleichzeitig die aktuellen Bedürfnisse der Leser/User befriedigt werden müssen?

Wenn Sie Chefredakteur von *Krautreporter* wären, was würden Sie ändern (redaktionelle Struktur, Inhalte, Bezahlsysteme)?

Zur Zukunft des Online-Journalismus:

Wie würden Sie den Leser der Zukunft beschreiben?

Was bedeutet in dieser Zukunft - für Sie persönlich, und die Marke, für die Sie stehen - Erfolg?

Wie charakterisieren Sie den Nutzen von Crossmedia-Strategien für die Zukunft?

Haben die strukturellen Veränderungen im Online-Journalismus zu einem Professionalisierungsschub in der Branche geführt?

In der Debatte um das Leistungsschutzrecht 2013 sahen viele Verlage in dem neuen Gesetz die für sie einzig wirksame Überlebensstrategie in Zeiten der Krise. Zugleich distanzierten sie sich von alternativen Finanzierungsmodellen wie Crowdfunding oder Stiftungen. Ist diese Einstellung im Jahr 2015 noch vertretbar?

Was bedeutet für Sie „Qualitätsjournalismus"?

Bild.de und *Focus.de* beweisen, dass sich gerade Boulevardmedien heutzutage als starke Marken behaupten können. Wie kann man Ihrer Meinung nach diesem Trend folgen, ohne auf die Selbstbewertung als „Qualitätsmedium" verzichten zu müssen?

Zum Beruf des Journalisten:

Journalisten wurden im Laufe der Zeit verschiedenste andere Konnotationen zugeordnet, vom Künstler über den Parteigänger bis zum Service-Dienstleister. Welche Kompetenzen müssen Journalisten im Zeitalter von Auflagenverlusten sowie personellen und finanziellen Kürzungen stärken? Inwieweit gehen Sie über das rein journalistische Handwerk hinaus?

Welche Kompetenzen ihrer journalistischen Mitarbeiter müssen Verleger künftig stärken? Welche Geschäftsfelder müssen sie notwendigerweise ausbauen bzw. wo müssen sie investieren?

Bleibt die Gatekeeper-Funktion der Journalisten, angesichts der Fülle und Bandbreite an Informationen im digitalen Zeitalter, bestehen? Welche Rolle wird sie künftig spielen?

Welches Geschäftsmodell für den Online-Journalismus hat Ihrer Meinung nach am meisten Potenzial?